中國學術思想 研究輯刊

三五編

林慶彰 主編

第14冊

陽明學的異質發展
——聶雙江「歸寂說」之研究

簡凡哲 著

花木蘭文化事業有限公司

國家圖書館出版品預行編目資料

陽明學的異質發展——聶雙江「歸寂說」之研究／簡凡哲 著 --
初版 -- 新北市：花木蘭文化事業有限公司，2022〔民111〕
目 2+152 面；19×26 公分
（中國學術思想研究輯刊 三五編；第 14 冊）
ISBN 978-986-518-816-0（精裝）
1.CST：（明）聶雙江 2.CST：學術思想 3.CST：陽明學
030.8   110022430

ISBN-978-986-518-816-0

中國學術思想研究輯刊
三五編 第十四冊   ISBN：978-986-518-816-0

陽明學的異質發展
——聶雙江「歸寂說」之研究

作　　者　簡凡哲
主　　編　林慶彰
總 編 輯　杜潔祥
副總編輯　楊嘉樂
編輯主任　許郁翎
編　　輯　張雅淋、潘玟靜、劉子瑄　美術編輯　陳逸婷
出　　版　花木蘭文化事業有限公司
發 行 人　高小娟
聯絡地址　235 新北市中和區中安街七二號十三樓
　　　　　電話：02-2923-1455／傳真：02-2923-1452
網　　址　http://www.huamulan.tw 信箱 service@huamulans.com
印　　刷　普羅文化出版廣告事業
封面設計　劉開工作室
初　　版　2022 年 3 月
定　　價　三五編 23 冊（精裝）新台幣 62,000 元

陽明學的異質發展
——聶雙江「歸寂說」之研究

簡凡哲　著

作者簡介

簡凡哲，台灣基隆人。生於 1981 年。畢業於輔仁大學中文系、台北市立教育大學中國語文學系碩士班。碩士期間致力於中國思想研究，專研儒學發展。現職為高中國文教師。

提　要

　　宋明理學心學一脈至王陽明出而大熾，整個理學思想的推衍，才算進入了最後的完成階段。陽明後學中，基本分為三派：浙中派、泰州派，與江右派，皆自認直承陽明學說而來，彼此常有學術上的爭辯，尤其是屬於浙中派的王龍溪與江右派的聶雙江兩人爭辯最烈。聶雙江以「歸寂說」解釋陽明的良知學，於當時學術界引起一陣軒然大波，可謂突起異軍。「歸寂說」在聶雙江思想，甚至對江右學派的思想，亦扮演著舉足輕重之地位，如同屬江右派的羅念菴極度讚賞「歸寂說」的理論，雖有所諍議，但羅之「收攝保聚」說，亦不免受其影響。是以聶雙江的「歸寂說」定位了他在王學思想上的地位，雖然有爭議處，但若就其思想系統獨立研究，則頗為可取，更可以看出王學由王陽明開始，再由門人後學的闡發與轉化，形成了一種特殊的王學的異質發展。

　　本文則由雙江之學以論「歸寂說」，試圖將聶雙江之思想單獨論之。故第一章主要討論方向呈現本論文的研究方向等等前置作業問題。第一節介紹近人對於聶雙江之研究，以完整的論文或書籍介紹為主，例如：林月惠的《良知學的轉折──聶雙江與羅念菴思想之研究》、大陸學者吳震的《聶豹、羅洪先評傳》等等書籍，以其了解近人對雙江先生的研究主題概況。第二節則進入本論文的研究方向與方法之呈現，本論文最主要的議題是在聶雙江哲學理論中的「歸寂說」思想之研究，並旁及當時聶雙江與時人的哲學辯論。第三節則是介紹本論文的預期研究成果研究價值。

　　第二章則以論聶雙江之「仕」、「學」、「悟」三者。雙江之「仕」可為其講「歸寂說」之實證經歷，因為雙江所在乎者乃「學以致仕方為所用」的實務思考，因此他以仕進為避諱，任官後亦頗有政聲，而此即可視為雙江實踐歸寂說的證明。至於雙江之學，本文提出他曾為督學邵寶取為弟子員，明代社學系統中，常常是以吏為師，故筆者經由資料推論，雙江之所以熟習並用程朱之學於歸寂說中，即因邵寶「學以洛、閩為的」，加上當時邵寶親取為弟子員，故雙江之學應由程朱學入手。雙江之「悟」則講其後來從學陽明良知說，在翠微養病之時，從研習《大學》漸悟「虛寂之旨」，故「雖父師之言，不敢苟從」，自己的思想慢慢形成氣候。到了六十一歲被逮下獄，在獄中「乎見此心真體」，從此之後便以為「天下之理皆從此出」，至此以後，一生皆從事良知歸寂之研究。

　　第三章是本文重心，由歸寂說之源起進入，基本接續第二章雙江之「悟」而論。隨後則是論「歸寂說」之基本架構。由於雙江的「歸寂說」，依然是由陽明良知學以得悟，故多半是基於陽明良知學的再解釋，而這種再解釋還援用了程朱學說，依此而講良知乃未發之中，已發則受未發之宰制。「歸寂說」之開展，其基本圖像就是陽明良知學的開展，透過聶雙江對陽明學的詮釋，使「寂」成為良知之重心，其中涉及了援引周濂溪以至於朱子之說，使「靜」的觀念融於其說。並與王龍溪交涉「致知」之說，讓整體思想更為縝密。最後論及實踐工夫，乃由「靜坐」以入門，「較之龍溪之籠統講一『悟』字，反見踏實」。

第四章論「歸寂說」之諍議，尤其是與王龍溪之辯論，實際上可見二人之論，若就個人思想而言，實乃旗鼓相當，龍溪對於「歸寂說」之批評，若除去陽明良知學的背景概念，實無以為據。更有羅念菴贊同「歸寂說」概念而講「收攝保聚說」，然而雖然念菴贊同雙江「歸寂說」，不過其「收攝保聚說」卻也未必全從雙江，可說是雙江「歸寂說」開啟「良知本寂」的思考以後，讓後學者有另一思考良知發展的方向。

　　第五章則為結論。因為聶雙江思想雖屬陽明心學一脈，但他試圖融合心學與道學，故其說轉化程朱思想用以解釋「歸寂」概念。而陽明學末流轉入狂禪，聶雙江「歸寂說」因強調知覺的修為，因而成為得以救正王學流弊之說，是以後來提倡「慎獨」思想者，多有雙江「歸寂說」思想之痕跡。

　　故黃宗羲言江右之學乃「為之救正（王學），故不至十分決裂」，實是對聶雙江「歸寂說」的一句公評。聶雙江「歸寂說」的提出，也許對於「良知」的概念並非全為陽明思路，但是這種發展卻是活化了王學內部的思辨，因此這種異質的發展，亦有正面的刺激性質，不可全盤的對其否定。

目

次

第一章　緒　論

　　宋明理學心學一脈至王陽明出而大熾，整個理學思想的推衍，才算進入了最後的完成階段。[註1]陽明在二十一歲時見庭前竹子，格之七日不通，謂「聖賢有分」[註2]，轉習詞章，學凡三變而始倡言「致良知」之學[註3]，在龍場驛大病之後，時年三十七歲[註4]，可為陽明對於心學有所領悟之時。

〔註 1〕筆者按，此就勞思光《新編中國哲學史》所採用的角度而言，為其所謂的「一系說」，其言為：「所謂『一系說』，自是視宋明儒學為一整體，但此並非忽視各家各派立說之殊異，而是通過一發展演變的動態觀，以安頓此種種差異於一整體過程中。換言之，學說之差異皆視為整體過程中之階段特徵。」勞先生將宋明理學以階段分，至於陸王心學出，謂宋明理學的完成階段。（三上，台北：三民書局，1987 年三版），頁 46～51。

〔註 2〕《王陽明全集·年譜一》：「（孝宗弘治）五年壬子，先生二十一歲，在越。……是年為宋儒格物之學。先生始侍龍山公于京師，遍求考廷遺書讀之。一日思先儒謂『眾物必有表裡精粗，一草一木，皆涵至理』，官署中多竹，即取竹格之；沈思其理不得，遂遇疾。先生自委聖賢有分，乃隨世就辭章之學。」王守仁撰，吳光、錢明、董平、姚延福編校：《王陽明全集》（上海：上海古籍出版社，1992 年），頁 1223。

〔註 3〕黃宗羲：《明儒學案·文成王陽明先生守仁》卷十八：「先生之學，始泛濫於詞章，繼而遍讀考亭之書，循序格物，顧物理吾心終判為二，無所得入。於是出入於佛老者久之。及至居夷處困，動心忍性，因念聖人處此更有何道，忽悟格物致知之旨，聖人之道，吾性自足，不假外求。其學凡三變而始得其門。」（台北：里仁書局，1987 年），頁 201。以下引自此書者，不再重複記錄此書書名，僅載《明儒學案》與頁碼。

〔註 4〕張廷玉等撰：《明史》：「（陽明）謫龍場，窮荒無書，日繹舊聞。忽悟格物致知，當自求諸心，不當求諸事物，喟然曰：『道在是矣。』遂篤信不疑。」（乾隆四年刻本校本，台北：鼎文書局，1975 年），頁 5168。並就《年譜》考：「（武宗正德）三年戊辰，先生年三十七，在貴陽。春，至龍場。先生始悟格物致知。」《年譜》見王守仁撰，吳光、錢明、董平、姚延福編校：《王陽明全集》（上海：上海古籍出版社，1992 年），頁 1228。

　　陽明後學中，基本分為三派：浙中派、泰州派，與江右派〔註5〕，皆自認直承陽明學說而來，彼此常有學術上的爭辯，尤其是屬於浙中派的王龍溪與江右派的聶雙江兩人爭辯最烈。王龍溪乃親炙陽明多年的大弟子，聶雙江與陽明僅有一面之緣，陽明身後才拜入其門下，在良知學上的意見頗有相異點，甚至於陽明學說各有歧出。二人相互辯論，也是後人研究陽明學說所著眼處。

　　聶雙江以「歸寂說」解釋陽明的良知學，於當時學術界引起一陣軒然大波，可謂突起異軍。「歸寂說」在聶雙江思想，甚至對江右學派的思想，亦扮演著舉足輕重之地位，如同屬江右派的羅念菴極度讚賞「歸寂說」的理論，雖有所評議〔註6〕，但羅之「收攝保聚」說，亦不免受其影響。〔註7〕

　　近來漸有學者注意到聶雙江的哲學理論，並採取正面性的態度來研究，例如牟宗三先生的〈王學的分化與發展〉一文，對於王學分派有詳細的闡述，雖因研究角度而將聶雙江置於支離王學的一派，但亦對其思想有深入探討分析；林月惠以《良知學的轉折——聶雙江與羅念菴思想之研究》為其博士論文，對於王學江右派兩位大將有其詳盡的研究，並帶出了卓平治的《聶雙江對良知的體認及其辯論》與溫愛玲的《從聶雙江到羅念菴良知學之研究——以王門諸子「以知覺為良知」與「分裂體用」的論題為脈絡》兩篇碩士論文。筆者欲在這些研究基礎上，針對聶雙江「歸寂說」進行討論，理解雙江哲學理論雖與陽明學說有所異處，但卻在這樣的相異之中，讓王學呈現了多樣的風貌。

　　聶雙江的「歸寂說」定位了他在王學思想上的地位，雖然有諍議處，但若就其思想系統獨立研究，則頗為可取，更可以看出王學由王陽明開始，再由門人後學的闡發與轉化。以下先由討論前人研究開始，說明本論文的寫作大要。

〔註5〕筆者按，此為黃宗羲在《明儒學案》中提出的分派名稱。
〔註6〕〈讀《困辯錄》鈔序〉：「雖然余始手箋是錄，以為字字句句無一弗當於心。自今觀之，亦稍有辨矣。公之言曰：『心主乎內，應於外而後有外，外其影也。』心果有內外乎？又曰：『未發非體也，於未發之時見吾之寂體。』未發非時也，寂無體，不可見也。余懼見寂之非寂也。自其發而不出其位者言之，謂之寂；自其常寂而通微者言之，謂之發。蓋原其能戒懼而無思為，非實有所指，得以示之人也。故收攝斂聚，可以言靜，而不可謂之寂然之體。喜怒哀樂可以言時，而不可謂無未發之中。何也？心無時，亦無體，執見而後有可指也。易曰：『聖人立象以盡意，繫辭以盡言。』言固不盡意也。坤之震，剝之復，得之於言外，以證吾之學焉可也。必也時而靜，時而動，截然內外，如卦爻然，果聖人意哉。」出於黃宗羲：《明儒學案・文恭羅念菴先生洪先》卷十八，頁422。
〔註7〕筆者按：如聶、羅二人對「致知」的解釋，其工夫都由「無欲主靜」為主路，聶之思想言之在前，羅則從焉其後，可見二者在思想上有前後影響的相關。

第一節　歷來研究主題與概況

　　對於聶雙江思想的研究，其數量內容與以往各研究者之評價，多半是從與王龍溪等親炙陽明的高弟們做對比研究，對於發揚陽明學說的理解，當然是親炙陽明的高弟們因受提點較多，其思想與師說較為接近也屬自然。而聶雙江則否，對於陽明僅一面之緣，於陽明身後拜為弟子，許多意見無法與陽明直接討論，或許造成思想的歧異之處也未可知。是以在陽明後學思想的重視度上，聶雙江思想就成為了較為異質的思考角度。各研究中討論到聶雙江思想時，亦多會提到黃宗羲在《明儒學案》裡的這段評論文字：

> 姚江之學，惟江右為得其傳，東廓、念菴、兩峰、雙江其選也。再傳而為塘南、思默，皆能推原陽明未盡之旨。是時越中流弊錯出，挾師說以杜學者之口，而江右獨能破之，陽明之道賴以不墜。蓋陽明一生精神，俱在江右，亦其感應之理宜也。〔註8〕
>
> 陽明先生之學，有泰州、龍溪而風行天下，亦因泰州、龍溪而漸失其傳。泰州、龍溪時時不滿其師說，益啟瞿曇之秘而歸於師，蓋躋陽明而為禪矣。然龍溪之後，力量無過於龍溪者，又得江右之救正，故不至十分決裂。泰州之後，其人多能以赤手搏龍蛇，傳至顏山農、何心隱一派，遂復非名教之所能羈絡矣。〔註9〕

在此段評論當中，黃宗羲對於王學江右派是採正面而肯定的態度，他以為江右派理論是一個同質性的發展過程〔註10〕，然而推究其理，黃宗羲師承劉蕺山，劉蕺山又為聶雙江之弟子，故黃宗羲之學自然偏向江右思想。因此後人對於這段評論文字當然就有批判的聲音出現〔註11〕。與其認同黃宗羲所謂的「同質」

〔註8〕《明儒學案·江右王門學案》卷十六，頁333。

〔註9〕《明儒學案·泰州學案》卷三十二，頁703。

〔註10〕林月惠：《良知學的轉折——聶雙江與羅念菴思想之研究》，認為黃宗羲對於聶雙江的「歸寂說」遭受批評而有所不解，故在《明儒學案》中有此段文字。（台北：臺大出版中心，2005年），頁79。

〔註11〕牟宗三：〈王學的分化與發展〉：「此總斷未見其是。說東廓、兩峰能得陽明之傳尚可，說雙江、念菴亦能得其傳則非，說其獨能破越中之囂張亦非。雙江念菴所不滿者，主要是在王龍溪。王龍溪與錢緒山是王門的嫡系，而又親炙於陽明之日久，尤以王龍溪天資高爽，穎悟過人，恐不免有盛氣凌人之處，即無盛氣凌人之處，同門輩亦不必盡服，而何況念菴與雙江未得及門，此中更不能無委屈，故首唱異議也。此或以俗情度人，然人非聖賢，此輩學人恐亦未能盡免俗情也。」此語出於《從陸象山到劉蕺山》（台北：學生書局，2000年二版），頁299。

說法，不如將聶雙江思想視為一種在陽明思想下的「異質」發展。是以從此「異質」的角度來看，聶雙江的思想對於陽明思想的發展，反倒是有所助益，透過了這種不同的解釋，陽明思想的發展呈現了豐富而多元的面貌。基於上述理由，在近年的研究當中，才漸漸注意到「異質的陽明學」這塊版圖，近人對於聶雙江思想漸有研究，以下則為近來研究之狀況。

一、牟宗三的研究

　　在國內中國哲學研究領域中，牟宗三先生的研究具有相當的權威性，而其著作亦為現當代中國哲學研究必要參考書籍。其中《從陸象山到劉蕺山》中收錄的〈王學之分化與發展〉、〈「致知議辨」疏解〉、〈兩峰、師泉與王塘南〉三篇文章，對於王學分化的問題研究相當有助益，尤其釐清陽明學說基本概念後，再來探討其後學的思想，例如王龍溪對四句教以「無」為眼來解析，牟先生就對此鞭辟入裡〔註12〕。不過到討論江右派代表人物聶雙江與羅念菴時，雖然牟先生對其理論爬梳亦深，解析亦足〔註13〕，然牟先生立論因批判黃宗羲偏向江右的思想，加上江右學派與陽明學說本身的異質性明顯較高，因此自然會有「雙江、念菴為講枯槁而支解陽明義理」〔註14〕之語，此則無可厚非。又方祖猷先生的〈王畿與聶豹關於本體良知之辯——兼對牟宗三先生〈致知議辨〉一文的補充與商榷〉從其文內容來看，角度與牟先生之作並無二意，故則可視為牟文的衍生作品。〔註15〕

〔註12〕牟宗三：「其所謂『無』一面，如『無心之心』，『無意之意』，『無知之知』，『無物之物』，云云，其言雖玄，其義似較明確，亦易領悟，此蓋是作用上「無相」之意。」此乃牟宗三對王龍溪四具教理解之解析大要，其餘論述請參閱牟著《從陸象山到劉蕺山・王學知分化與發展》（台北：學生書局，2000年二版），頁268～282。

〔註13〕筆者按：牟宗三在〈「致知議辨」疏解〉中，就將王龍溪與聶雙江之間的九難九答作一詳細的說解，對於往後的研究者理解聶雙江思考，是一份極重要的參考資料。

〔註14〕牟宗三：《從陸象山到劉蕺山・王學知分化與發展》（台北：學生書局，2000年二版），頁310。

〔註15〕筆者按：如方祖猷提到：「聶豹抹去了王陽明良知的主體性一面，則其心體近似朱熹的『理』，不完全符合王陽明的原意了。總之，聶豹所求先天心體，並不是王陽明的良知，他所說的『能為萬物主』的『太極』，也不是良知。」，從此引文來看，方先生對於聶雙江的評論，即與牟宗三一致。方祖猷：〈王畿與聶豹關於本體良知之辯——兼對牟宗三先生〈致知議辨〉一文的補充與商榷〉（《寧波大學學報・人文科學版》，第十卷第一期，1996年9月），頁6～13。

二、唐君毅的研究

　　唐君毅先生在《中國哲學原論・原教篇》的〈聶雙江羅念菴之歸寂主靜知止之學〉中，其研究觀點則採以下角度：

> 此中之儒者之相爭，亦皆可自謂出于其天理良知之是非。則天理良
> 知之是非，又何以如此無定乃爾。今若于此，看作一場戲看，分別
> 加以欣賞，自無所謂。若任取一家以為正宗，視餘者皆為儒學異端，
> 截斷眾流，一切不理，亦甚洒脫。然若欲見此千巖萬壑，並秀平流，
> 各得儒學之一端，合以成此明代理學之盛，而不見諸家之學，唯是
> 以互相辯難而相抵消，更見其永恆之價值與意義，則大難事。〔註16〕

他以為面對陽明後學思想之異，應以採更客觀的角度進行研究，認同王學分化
乃是一思想的轉化歷程，亦將聶雙江思想獨立出來討論，站在比較正面角度評
斷聶雙江的「歸寂說」，他說：

> 蓋雙江言歸寂主靜，原是工夫上事。良知本體固即寂即感，即靜即
> 動，未發而未嘗不發；不可頭上安頭，其體之上之後，亦更無體；
> 亦非一不能感之寂體。此乃陽明學者之共許義，雙江亦無異辭。……
> 此工夫意義，全在其能對治一般人心之憧憧往來之妄動，與一般人
> 心中良知之發用，不免于夾雜，及散于事物之感應變化之標末，而
> 自離其本寂之處。今若知其原是功夫之語，其歸寂之教，非謂良知
> 須再歸寂。〔註17〕

因為唐君毅同意聶雙江「歸寂說」乃為陽明學提供一種補救思想弊端的方式，
因此多採取正面性看法，而這就和牟宗三所切入的角度有所不同了。

　　在前述的研究作品中，幾乎難見大陸地區對王學江右派的研究，即使方祖
猷對牟宗三的說法有所補充，也直到西元一九九六年才出現，因此在比較早先
的作品中，我們就從牟宗三與唐君毅二人的專著來看陽明後學的發展，與對江
右派理論的分析。

　　隨後，從民國八十三年九月，迄於民國九十五年六月這段時間內，國內共
有五篇碩士論文與一篇博士論文發表，其中唯一的博士論文即林月惠的《良知

〔註16〕唐君毅：《中國哲學原論・原教篇・聶雙江羅念菴之歸寂主靜知止之學》（台
　　　　北：學生書局，1990 年），頁 372～377。

〔註17〕唐君毅：《中國哲學原論・原教篇・聶雙江羅念菴之歸寂主靜知止之學》，（台
　　　　北：學生書局，1990 年），頁 373～374。

學的轉折──聶雙江與羅念菴思想之研究》，後列以台灣大學《東亞文明研究叢書》出版。這六篇論文作品，計有：

1. 林月惠：《良知學的轉折──聶雙江與羅念菴思想之研究》（台灣大學中國文學研究所，民國八十三學年度，博士論文）。
2. 劉桂光：《王龍溪與聶雙江論辯之研究》（文化大學哲學研究所，民國八十三學年度，碩士論文）。
3. 彭仰琪：《良知學的兩個路向──王龍溪聶雙江致知議辨研究》（中正大學中國文學系，民國八十七學年度，碩士論文）。
4. 卓平治：《聶雙江對良知的體認及其論辯》（暨南國際大學中國語文學系，民國九十二學年度，碩士論文）。
5. 溫愛玲：《從聶雙江到羅念菴良知學之研究──以王門諸子「以知覺為良知」與「分裂體用」的論題為脈絡》（成功大學中國文學系，民國九十三學年度，碩士論文）。
6. 周知本：《聶雙江思想析論》（中興大學中國文學系，民國九十四學年度，碩士論文）。

在這六篇學位論文中，劉桂光與彭仰琪所寫的論文，依然還是討論陽明後學的辯論議題，其他四篇文章才真正落在江右派的研究中，因此我們要特別注意者乃林月惠、卓平治、溫愛玲、周知本的研究論文。

三、林月惠、卓平治、溫愛玲、周知本的研究

這三本學位論文中，我們首先要看的便是林月惠的《良知學的轉折──聶雙江與羅念菴思想之研究》〔註18〕，此部作品是研究王陽明後學中良知學「轉向」的一部代表作。此書從博士論文的寫作之始，直到成為專著出版，是為國內學界首部深入探討聶雙江與羅念菴二人思想的專著，因此林月惠的文章對於聶、羅二人思想的研究具有相當重要的參考價值。林月惠由「王學分化」的歷史觀點說起，談到了良知學在陽明後學內部的爭辯的歷史淵源，接著轉入陽明著作《傳習錄》、《文錄》、《年譜》編纂帶出的王學將要分

〔註18〕筆者按：這本論文在民國八十三學年度即以博士論文發表，而在西元二〇〇五年時由台灣大學出版中心收錄於「東亞文明研究叢書」中出版，除了修訂原有資料外，更附錄了兩篇短篇論文。因此在此使用的資料並非林月惠當初的博士論文資料，而是經過修訂後由台大出版中心出版的書籍。

化的問題後，開始進入了聶雙江與羅念菴兩人的思想探討。論文分別釐析聶
雙江的「歸寂說」，以及羅念菴「收攝保聚」之說，再轉回陽明後學內部的
爭辯核心，深入的談聶、羅二人與王門諸子的辯論。至此已是完整的討論了
王學分化的問題，與江右派代表人物的理論。然林月惠不以此為滿足，更將
聶、羅二人思想直接接入陽明思想作異同之比較，比較三人對「格物」、「致
知」思考的差異，再而談到三人對體用思維方法的不同，實質且客觀的討論
到聶、羅成為陽明思想異議的核心。最後結論的部份則是總結前面所討論到
的問題，將問題收攝於陽明良知學的轉折。林月惠的論文，精細的講述聶、
羅二人的思想，以此作為良知學轉折的核心，透過一步步客觀的檢視與討論，
肯定了良知學轉折思想的價值，與早期的研究最大的差異與價值，就是在這
裡。

在林月惠之後的研究，我們依照發表的先後次序來看，有卓平治的《聶雙
江對良知的體認及其論辯》、溫愛玲的《從聶雙江到羅念菴良知學之研究──
以王門諸子「以知覺為良知」與「分裂體用」的論題為脈絡》和周知本的《聶
雙江思想析論》。這三篇論文我們可以放在一起來看。卓平治的論文是討論聶
雙江在良知學上的思考，其中最主要的則為第三章，他在將此章分為兩部份，
其一是討論聶雙江對於良知學的理解與建構，分析了聶雙江與王陽明在良知
學思想上的異同，更提出雙江汲取《中庸》思想用來修正王學中「已發未發」
的問題。再者，他提到雙江將良知學融通於《易傳》學思想的觀念，再提到聶
雙江思想融合儒家傳統學說的部份〔註19〕，雖然在林月惠的論文中亦可見得，
但卓平治的論文則比較詳盡。不過此篇論文中的其他章節，則開不出新意，多
半意見已在林月惠的論文中見到。

溫愛玲則以聶雙江到羅念菴良知學理論為其論述中心，最主要的特色是
他將良知體用的討論作為論文寫作主線，由聶雙江的「歸寂說」作為開展，
並以此主線討論到雙江與王門諸子之辯，再到羅念菴的回應，離析出從聶到
羅間的良知學轉折，為江右學派「分裂體用」的問題尋找一出口。其價值處
乃在以一獨立的線索為主線，比之林月惠的論文，更能夠一貫性的看到「歸
寂說」到羅念菴之間良知學轉折的狀況。其中提出所謂良之體用的「時界」
概念，可見作者獨創之觀念。可惜之處是作者本身依單一線索方式來看思想

〔註19〕筆者按：這裡所指儒家傳統學說，乃就卓平治先生在其論文中提到的兩部儒
家經典《中庸》、《易傳》而言。

發展〔註20〕，然而思想發展豈只能用單一線索來觀察，且從論文本身命題來看，似乎見不到羅念菴在這一脈絡中的思想貢獻。

周知本的研究以聶雙江為對象，全文專論聶雙江思想。此論文前五章以「歸寂說」為主線進行研究，然其所云者，不脫前人論述。但第六章論及「歸寂說」的侷限，頗有見地，可以從中理解到聶雙江「歸寂說」偏重心體未發一面的不足。

是以筆者以為，若從國內近期的研究上來看，可以林月惠的論文為主軸，卓、溫、周三位的文章為輔，如此將得見聶雙江思想較完整以及客觀的研究。

四、非台灣地區學者的研究

大陸地區王學思想的研究相當的發達，唯幾乎不見單獨對江右派的研究，多半以陽明思想並論及其後學的作品，如錢明的《陽明學的形成與發展》。不過這類作品中的看法，亦多與台灣較早期的研究相當〔註21〕，主觀之意見較多，惟吳震站在較為客觀的角度上作研究。

吳震在陽明學研究上所出版書籍有二：《陽明後學研究》、《聶豹、羅洪先評傳》，而我們在此談的是王門江右派的思想，是以吳震的作品中，更重要者為《聶豹、羅洪先評傳》此書，因為在《陽明後學研究》這本書中對於聶、羅二人思想的說法，乃與《聶豹、羅洪先評傳》幾乎一致，而《評傳》則更為詳細，是以對《陽明後學研究》此書暫且略而不談。至於《聶豹、羅洪先評傳》此書的價值，筆者以為黃俊傑的評語為代表：「大陸學界雖有吳震的《陽明後

〔註20〕溫愛玲在其論文中提到：「本篇論文以雙江念菴對於『以知覺為良知』與『分裂體用』論題的反省為脈絡，透過他們與王門之子的論辯，以釐清他們索反省於此兩個論題的內涵，進而探究其學說思想如何在回應兩個論題的脈絡下開展。」溫愛玲：《從聶雙江到羅念菴良知學之研究——以王門諸子「以知覺為良知」與「分裂體用」的論題為脈絡》（成功大學中國文學系，民國九十三學年度，碩士論文），頁6。

〔註21〕筆者按：大陸地區近年所出版的書籍，如彭國翔的《良知學的展開——王龍溪與中晚明的陽明學》將江右派思想列為「良知異見」（北京：三聯書店，2005年），頁321～343。錢明的《陽明學的形成與發展》雖對王學分派有較客觀的說法：「王陽明的門人後學在其師過世前後，大都以陽明的某種傾向性言論甚至在特定條件下講的片言隻語作為依據，斷章取義，自主發揮，從而先使陽明學派內部出現『概多矛盾』和分歧……呈現出自先秦、魏晉以後學術思想史上又一繁榮期。」但此書僅在主靜派帶過聶雙江，僅獨立羅念菴一節，則對雙江思想研究並非全面（南京：江蘇古籍出版社，2002年），頁132。

學研究》、《聶豹、羅洪先評傳》，但這兩部書偏重學術史與思想史的探討，考證詳實，持論有據，較少注意義理的內在邏輯性與論證的嚴謹性。」〔註22〕，此段文字對吳震的書籍評論客觀，說明了其書之價值與缺點。

　　另外，日人岡田武彥在其《王陽明與明末儒學》中，將陽明後學列為三派：現成派、歸寂派、修證派，其中歸寂派則以聶雙江為代表人物。岡田先生說：

> 他（聶雙江）之所以特意指出陽明不及注意的孟子夜氣說，則是為
> 了救正修證派和現成派的弊病。……可見他揭示此說的目的並非背
> 叛師門。〔註23〕

這段文字則和前述唐君毅先生的看法似有同工異曲之妙，皆以聶雙江之思想為救王學之弊說，且又言：

> 歸寂派並不是厭動離發，沈淪於靜寂，而追求超越現世的學派。所
> 謂「靜非卻事，只是澄心，此即儒釋之辨」的評語，似乎能較好地
> 證明這一點。〔註24〕

這段見解，劃清了聶雙江與禪學的分界，使得有人以雙江之學為禪的說法，得以釐清，而這正是岡田氏對於雙江思想研究的貢獻。

　　以上正是近年來對於江右學派的研究，著重的是整體性、相承性或者對比性的思想研究。而筆者的研究主題將專對個別議題作討論，期待能對聶雙江的「歸寂說」思想議題進行了解與分析。

第二節　研究方向與方法

　　上節已將歷來研究作一簡介，筆者在本節則是要論及本論文的研究方向與方法。本論文主要研究方向落在聶雙江思想中的「歸寂說」，前述提及目前在台灣的論文研究，單獨提出聶雙江思想研究者，並不多見，多數都是將聶雙江與王龍溪做思想的對比研究，或者是與羅念菴做江右派思想的整合性探討，因此筆者試圖以聶雙江「歸寂說」作為研究的中心，來觀察陽明後學對於王學

〔註22〕林月惠：《良知學的轉折──聶雙江與羅念菴思想之研究》（台北：臺大出版中心，2005年），黃俊傑序。

〔註23〕岡田武彥著，吳光、錢明、屠承先譯：《王陽明與明末儒學》（上海：上海古籍出版社，2000年），頁134。

〔註24〕岡田武彥著，吳光、錢明、屠承先譯：《王陽明與明末儒學》（上海：上海古籍出版社，2000年），頁125。

整體發展的貢獻。在聶雙江思想的研究上，除了要對王陽明思想能夠有全面性的了解外，尚需對陽明後學的發展進行思考，因為陽明後學對陽明思想的擴展，有多條不同的路徑。王陽明雖非長壽，但他的哲學體系在他有生之年可謂已經完成〔註25〕，後學思考皆可視為陽明學說的再擴展。然而，這樣的研究方式雖然能將陽明學派的思想清楚釐析，卻忽略了一個重點，那就是各種思想的獨立思考特性。本文則是欲以此一面向來呈現陽明後學聶雙江先生的思考領域，分析其思想的獨特性質。

一、針對聶雙江思想之獨立研究

　　若將陽明後學皆獨立抽離後，可以發現每個個體的思想雖源由陽明而出，但是都有各種不同的思考特性，誠如黃宗羲所言：「諸先生學不一途，師門宗旨，或析之為數家，終身學術，每久之而一變。」（〈明儒學案發凡〉）〔註26〕，是以本論文首先強調的是個體的思想特質，將王學所謂的判教或者是調和問題先放在一邊，避免在做個人思想研究前，就產生了先入為主的觀念，認為聶雙江此個體，乃至於江右一脈，皆與陽明思想有所隔閡。從「個別的個體」開始，對聶雙江思想與王學思想之間差異的「特殊性研究」，乃是本文思考的重點。〔註27〕

　　因此本論文各章節所著重的部份，多是聶雙江個人思想的研究，即使有摻入他人思想界說部份，亦為與雙江思想稍作比較或對王學分析之用，主體則在聶雙江本身──此則為所謂「個別的個體」。

　　從淺而入深，對個體中更深刻的部份，即聶雙江的「歸寂說」，則是本論文探究之重心。《明儒學案》中有對雙江悟學經過的敘述：

　　　先生之學，獄中閑久靜寂，忽見此心真體，光明瑩徹，萬物皆備。

〔註25〕筆者按：蔡仁厚先生在其《王陽明哲學》一書中提到了陽明思想建構的歷程，分為成學前的三變（異質的轉變：氾濫於詞章、出入佛老、龍場悟道），屬於「自我發現」的過程；再有悟道後的三變（同質的發展與完成：默坐澄心、致良知、圓熟化境），屬於「自我完成」的過程。以上見蔡仁厚：《王陽明哲學》，（第二版，台北：三民書局，2007年），頁1～17。

〔註26〕《明儒學案》，頁18。

〔註27〕筆者按：個別，指某一事或某一物。特殊的概念，則表示一定範圍的情況，或事物的某一類，而事物的類又有很多層次。因此由個別的事物推展到其特殊的概念，這是一個進程。請詳見張岱年：《中國哲學史方法論發凡》，（北京：中華書局，2003年），頁47～49。

> 乃喜曰：「此未發之中也，守是不失，天下之理皆從此出矣。」及出，
> 與來學立靜坐法，使之歸寂以通感，執體以應用。〔註28〕

雙江「歸寂說」是在獄中所悟出，然因為雙江本身即將「未發之中」與「已發」
兩者作為區隔，因此「歸寂說」乃是在說明良知須回到「未發之中」的理論，
在《明儒學案・緒山論學書・復周羅山》卷十一，中有載一段聶雙江的言論：

> 良知本無善惡，未發寂然之體也。養此，則物自格矣。今隨其感物
> 之際，而後加格物之功，是迷其體以索用，濁其源以澄流，工夫以
> 落第二義。〔註29〕

這就是聶雙江所提出來的「歸寂說」要旨。因為王學所論最眾者，皆在陽明所
提出的「良知」部份，而雙江所提出「未發之中」與「已發」並非乃師之說，
雖然陽明其他弟子對於此說攻訐甚大，但因為其獨特性，反倒開出王學的豐富
性，這正是從個體研究的角度可以得到的成果。

二、聶雙江思想在王學中之定位

　　本論文在探討了聶雙江思想的個別特殊性之後，還得回過頭來觀看王學
的整體思想論點，尤其是聶雙江與王龍溪之間的辯論，更可視為個別特殊性與
整體普遍概念的對話。如同牟宗三先生所言：「王學雖可獨立地講，然如想於
限制中了解其義理系統的獨特性格，則亦究不能割截其他而不顧也。」〔註30〕

　　本論文題目《陽明學異質發展──聶雙江「歸寂說」思想之研究》就是從個
體特殊性出發後的回歸。單獨就聶雙江思想來看，其思想的確是繼陽明思想而
來，思考理路卻不太一樣，但就王學發展的整體來觀察，這樣的思想，其源頭依
然是從陽明流出，雙江思想所提供的，亦是這套思想系統另外一個解釋的開口。

　　因此本文也會論及浙中派與江右派的辯論，尤其是王龍溪與聶雙江的激
辯，其次則是江右派人物彼此的論述，這兩個部份都是王學底下不同思考的彼
此對話。接著銜接到陽明思想的「普遍概念」〔註31〕，並銜同「四句教」為主

〔註28〕《明儒學案》，頁372。
〔註29〕《明儒學案》，頁236。
〔註30〕牟宗三：《從陸象山到劉蕺山・王學之分化與發展》，（台北：學生書局，2000
　　　　年二版），頁215。
〔註31〕張岱年：《中國哲學史方法論發凡》：「普遍的概念，如存在、物質、變化、規
　　　　律等等，都是普遍的概念。」筆者按：在此「普遍概念」乃就王學之中共同
　　　　認可的哲學理論而言，例如：「致良知」、「四句教」等。（北京：中華書局，2003
　　　　年），頁47。

要討論課題，來觀察這些王學派別對陽明思想「普遍概念」的相互交涉。

事實上雙江對於自己思想與王陽明本身思想之間的差異性就有所自覺：

> 今必欲曰格物是致知之功，則能慮亦可謂知止之功乎？雖先師復起，
> 不敢奉命。　（〈寄劉兩峰〉）〔註32〕

雖然他知道本身理論即有缺陷，但這種思想的提出，造成王學之間彼此的爭辯與對話，反倒是加深了陽明思想的深刻度〔註33〕，這或許是聶雙江思想貢獻之外的另一收穫，因此，王學反倒是因為分化而使得思想更加的圓滿了。

本論文從個體研究至於對普遍概念的對話，希冀以此研究方式更客觀的對待一種可能並非主流的思想概念，然而這種所謂「客觀」態度並非對聶雙江思想採取肯定且認同的態度，而是希望藉由深入討論聶雙江思想，進而能夠更全面性的面對王學的分化問題，進而對王學思想的理解能夠更臻於圓滿，這才是筆者想要表達的主題，從第二章起，本文皆以此為闡述之重心。

三、預期研究成果與價值

聶雙江思想雖然頗具爭議，但是我們卻可以藉此看到整套良知學思想轉向的痕跡，因此筆者試圖以其「歸寂說」之理論，看聶雙江思想在王學中的定位。是以預期研究成果如下：

其一，以更客觀的角度，進行聶雙江思想的解釋。從事陽明後學研究者，莫不採取此一角度進行研究，但由於陽明後學分派問題，使得研究者常常落入某派的窠臼，因而產生不客觀的觀點。本論文欲以聶雙江思想為中心點，主要探討其思想，再將其思想置入陽明學說一脈來觀察，較為客觀。

其二，將論文主軸集中於「歸寂說」的研究上，更能清楚掌握思想的脈絡。

其三，雖然聶雙江思想在普遍的理解上，是與王陽明思想有所隔閡的，但是這樣的思想卻影響到整個江右學派，甚至傳至劉蕺山時而有「慎獨」之說，更往下則有黃宗羲以江右為王學之傳，此皆可視為聶雙江「歸寂說」之貢獻，

〔註32〕聶豹：《雙江聶先生文集》卷八（北京大學圖書館藏，明嘉靖四十三年吳鳳瑞刻隆慶六年印本，收於《四庫全書存目叢書‧集部七十二》，台北：莊嚴文化，1997年），頁410右上。

〔註33〕吳震：《聶豹、羅洪先評傳》：「在雙江與同門諸友進行思想爭辯過程中，對於陽明學所存在的種種理論問題，包括與程朱學的關係等問題的深入了解，在客觀上起到了推動作用。換言之，也可以說，雙江與同門的思想交流，在某種程度上有助於陽明學作為一種思想運動的深入展開。」（南京：南京大學出版社，2001年），頁166。

因此對聶雙江思想的定位問題，更應審慎訂定之。

　　此一研究，除了上述幾點，期能夠藉此論文的提出，帶給未來的研究者在陽明後學研究上，能夠從其後學的思想中，找到其獨立思想之系統，並以此為基礎，追溯於陽明思想，上下通貫，除了了解一個個體思想的整體系統外，更可上接整個王學思想系統，對整個明代的思想環境更具通徹的研究。

第二章　聶雙江之生平與學術背景

　　理學發展由唐至宋，後由朱熹集其大成。筆者以勞思光的「一系說」進行理解，理學的發展卻非在朱熹手上完成。所謂「集大成」者，乃言朱熹綜合整理古今資料，並系統性的歸納儒學經典，重建儒學理論體系，讓理學發展得以至高峰。在朱子的哲學邏輯中，其最高原則為「理」，而核心範疇則是「理」與「氣」。因此就朱子的思想系統而論，人可以透過「格物窮理」或「即物窮理」而體悟「理一」，「理」即是萬物運行的最高指導原則。然而朱子所謂的「理」並不能與「心」等同，在朱子思想中，「心」乃用於知覺「理」[註1]，故不言「心即理」。至於陸九淵則直言「心即理」，因此象山乃以「明本心，先立其大」入手，其學為一心之朗現與申展。純就二人之學與孟子學之遠近論之，陸象山較朱子貼近孟子本義，故依「一系說」之論，心學才是理學發展的最後階段。

　　可惜的是，陸九淵與朱熹生處同時代，但理學上思想較接近陸九淵者，自此以降，僅陳獻章一人，不過還是沒有成為一完整思想系統。須等到王陽明出，倡良知之學，理學發展才告完成。

　　仇兆鰲在《明儒學案》中的序文至為公正，可為一說：

　　　　孔、孟之學，至宋儒而大顯。明初得宋儒之傳者，南有方正學先生
　　　　首倡浙東，北有薛敬軒先生奮起山右，一則接踵金華，一則嗣響月

[註 1] 張力文：《心》：「（心）思慮的對象是理，理具於心，通過思慮而把握。『據此理而覺其為是非者，心也。』（《答潘謙之》，《文集》卷五十五）朱熹把知覺和思慮作為心的內涵，可見其心主要是一個認識論的哲學範疇。」（台北：七略出版社，1996 年），頁 202。

川，其學皆原本程、朱者也。獨天台經靖難之餘，淵源遂絕。自康
齋振鐸於崇仁，陽明築壇於舜水，其斯道絕而復續之機乎！當時從
學康齋者有陳公白沙，而甘泉之隨處體認天理，足以救新會之偏。
其纘緒姚江者，有龍溪、近溪，而東廓從戒懼覓性，念菴從無私識
仁，亦足以糾二溪之謬。就兩家而論，白沙之靜養端倪，非即周子
主靜之說乎？陽明之致其良知，非即孟子良知之說乎？然而意主單
提，說歸偏嚮，遂起後來紛紜異同之議耳。〔註2〕

這段文字交代了理學發展的始末，談到明學發展時，仇說分為兩線，一線為陳
白沙，另一線則為王陽明，這也正是明學當時的兩大發展主線。仇兆鰲評王陽
明時，以「非即孟子良知之說乎」為其評斷，我們就可以看到，王陽明之學，
確實是上承孟子之學的，與陸九淵思想比較相合，而陽明的弟子甚眾，是以明
代學術思潮在王陽明之後，皆被王學籠罩。

聶雙江正是處在這樣的環境之中，雖然是在陽明身後才拜入陽明門下，但
自從四十歲時與陽明面會之後，就傾心於良知學，一生皆為良知學之研究，並
有自我之獨到見解：「歸寂說」。亦以此獨到見解與親炙陽明的弟子如王龍溪
等，有學術上的激烈交鋒，此即仇兆鰲所謂「然而意主單提，說歸偏嚮，遂起
後來紛紜異同之議」，但這種議論卻是王陽明良知學的一種良性的發展。

在聶雙江的研究中，著墨最多處莫過於其別於陽明之思想，對於雙江生平
之研究，多置於附庸之地位，鮮少有較為系統性陳述。〔註3〕聶雙江仕宦之途，
官至兵部尚書，加太子少傅，太子太保；而學則從陽明，有「歸寂」之說，若
能以聶雙江生平事蹟與學術背景為經緯而觀之，則可以對聶雙江「歸寂說」思
想形成更能掌握，因此，本章以這兩條線索為主線，試圖更立體的呈現聶雙江
其人。

〔註2〕黃宗羲：《明儒學案・仇兆鰲序》，頁5。
〔註3〕筆者按：在卓平治的《聶雙江對良知的體認及其論辯》亦有相同之看法，提出
　　　　過往書籍，如各代的思想史、哲學史等，對於聶雙江生平，皆以簡語帶過，或
　　　　者僅引用《明儒學案》而未有自我研究之陳述，且若林月惠專研聶雙江與羅念
　　　　菴者，也僅以紀事之表格處理，甚為可惜，此處意見可見卓平治《聶雙江對良
　　　　知的體認及其論辯》，第二章注釋第一條，頁33。筆者以為卓平治提出如此看
　　　　法，相當可貴，其論文之第二章「聶雙江之生平與學問進程」之研究亦為嚴謹，
　　　　然卓平治所持意見，多扣於聶雙江之生平與「學」，雖可將聶雙江之生平學問
　　　　進程與其後來之思想作一聯繫，但整體似過於以時間為主線之線性發展，較少
　　　　涉及當時大環境對其思想之影響。

第一節　聶雙江之仕旅歷程

　　從《明儒學案・貞襄聶雙江先生豹》觀之，聶雙江一生無論仕宦或者為學，皆守儒家之學，視其成長背景，其父聶玉治對雙江的培養可謂盡心盡力，因聶家並不富裕，而聶玉治為籌措雙江之學費，不惜「傾貲鬻產，不少顧惜」〔註4〕，可見家庭對聶雙江之影響。

一、家庭期望與達則仕進之思

　　雙江生於明憲宗成化二十三年（西元1487年），出生時有一異象，宋儀望〈雙江聶公行狀〉記載：

> 先生諱豹，字文蔚，以成化丁未正月十三日，生于雙溪里。時室中忽有異光，巽菴公心獨異之，遂命今名，曰：「兒苟立，必大吾門，此名所以志也。」〔註5〕

這則傳說所稱之異光，可能為後來的附會，姑且不考究此異象之真偽，但從此處我們可以知道聶雙江名「豹」與字「文蔚」〔註6〕之所由來，即其祖父厚望而命之。而雙江不愧其名，「十歲即穎敏不群，十六，督學無錫二泉邵公取為弟子員，一見大奇之」〔註7〕，少年時期的雙江，就展現出不凡的才智。

　　雙江之學則從早期十多歲開始，「師友之費」都是父親玉治公勉力得來〔註8〕，是以雙江「學既成，每竊歎曰：『予苟不第，何以報二親劬勞。』語已輒泣下」〔註9〕，欲以仕進以報雙親劬勞。學成後為富家延為家庭教師〔註10〕，直至三十歲以《易經》中鄉試，隔年，中進士。為官後，日以講學，並以《易經》為本。從這裡看來，聶雙江早年的學習，可能是為科舉，至於仕進之後，

〔註4〕宋儀望：《華陽館文集・雙江聶公行狀》卷十一（北京大學圖書館藏，清道光二十三年宋氏中和堂刻本，收於《四庫全書存目叢書・集部一百一十六》，台北：莊嚴文化，1997年），頁400左下。以下引自此文者，不再重複記錄此書書名，僅載〈雙江行狀〉與頁碼。

〔註5〕〈雙江行狀〉，頁400右下。

〔註6〕「豹」，段玉裁注曰：「易曰：『君子豹變，其文蔚也』。」許慎撰，段玉裁注：《說文解字注》（台北，宏葉文化），頁462。

〔註7〕〈雙江行狀〉，頁400右下。

〔註8〕〈雙江行狀〉：「是時，父水雲公家事日落寞，至為先生師友費，即傾貲鬻產，不少顧惜。鄒夫人以為憂，公笑不答。」頁400左下。

〔註9〕〈雙江行狀〉，頁400左下。

〔註10〕〈雙江行狀〉：「是時，陳君唐甫延先生訓其子，陳故富家，先生令其折節讀書，卒由冑監官至州守。」頁400左下。

日以講學，則有轉為學術研究之趨向，更在四十歲時見到王陽明，隨後持續與之通信問學，更在陽明身後，在錢緒山、王龍溪見證下，拜為陽明弟子，此後一生沈浸在儒學研究之中。

在儒家思想中，「學」與「仕」兩者是不可割裂的，《論語》與《孟子》皆有提及：

> 子路問君子。子曰：「修己以敬。」曰：「如斯而已乎？」曰：「修己以安人。」曰：「如斯而已乎？」曰：「修己以安百姓。修己以安百姓，堯、舜其猶病諸！」〔註11〕
> 子夏曰：「仕而優則學，學而優則仕。」〔註12〕
> 古之人，得志，澤加於民；不得志，修身見於世。窮則獨善其身；達則兼善天下。〔註13〕

孔門培養治國人才，孟子退則修身，進則兼善天下，他們皆以為學問所應該要服務的對象即為人民，而服務人民最直接的方式，就是為官從政。是以孔子與孟子周遊列國，目的就是在尋找有意願用己之國君，是以「學而優則仕」的思考則根深在儒家思想之中，如大學八條目，以修身為準，平天下為終，而大學八條目，正是宋明理學家一生所欲探尋的最高學問。因此聶雙江之所以苦學為仕，一方面是欲報親恩，另一方面也是肩負著「以天下為己任」之思考。

聶雙江三十歲以《易經》中鄉試，隔年三十一歲順利成為進士，此後仕途尚稱順遂〔註14〕，原因大致上有二：其一，該年會試，嚴嵩為主考官，故嚴嵩

〔註11〕 朱熹集註，蔣伯潛廣解：《四書廣解‧論語》（台北：啟明書局，無著錄出版年代），頁229。
〔註12〕 朱熹集註，蔣伯潛廣解：《四書廣解‧論語》（台北：啟明書局，無著錄出版年代），頁293。
〔註13〕 朱熹集註，蔣伯潛廣解：《四書廣解‧孟子》（台北：啟明書局，無著錄出版年代），頁314～315。
〔註14〕 筆者按：雙江中進士後，三十四歲知華亭縣，三十九歲召入為御史、劾奏大奄及柄臣，四十三歲出蘇州知府。四十五歲時罹丁內外艱，家居十年，但其後再以薦起，五十五歲知平陽府。五十七歲，陞陝西按察司副使，六十歲時因遭夏貴溪所惡，方罷歸，隔年，再遭夏貴溪謗而下獄，至六十三歲時方釋。六十四至六十五歲，召為巡撫薊州右僉都御史，轉兵部侍郎，協理京營戎政。六十六歲升兵部尚書，隔年加太子少保，再隔年加太子少傅、太子太保。六十九歲致仕歸，一生官途盡於此，八年後卒。雙江一生自三十歲中鄉試，到六十九歲致仕歸，期間家居十年，遭謗下獄四年，但前後任官約二十年，仕途尚稱順遂。以上見《明儒學案》頁371～372，與吳震著《聶豹、羅洪先評傳》頁297～325。

為聶雙江座師,《明史》中記載:

> 廷議以豹為知兵,給事中劉繪、大學士嚴嵩皆薦之,擢陝西副使,
> 備兵潼關。……豹本無應變才,而大學士嵩與豹,鄉里徐階亦入政
> 府,故豹甚為帝所倚。〔註15〕

從這裡我們大致上可以了解,雙江仕途尚稱順遂之因,一部份原因乃是因為有貴人擢拔所致,因此一直到六十歲遭讒而下獄外,擔任的都是政府要職。

二、關懷人民,頗有治蹟

上述《明史》亦提到「豹本無應變才」,但因為嚴嵩與徐階的關係,雙江甚為皇帝所倚重,一直到最後因為邊寇之患,雙江無所謀畫〔註16〕,皇帝才漸知其短。《明史》這段敘述中,卻與其在之前的敘述稍有矛盾,因為前述指出聶雙江確實在任平陽府時「修郭家溝、冷泉、靈石諸關隘,練鄉勇六千守之,寇卻」〔註17〕,聲名才得以上至朝廷,「廷議以豹為知兵」,因此此處以「豹本無應變才」一語否定聶雙江的政治才能,事實上是不太公允的,因為聶雙江之所以仕途順遂的第二個原因,便是在政績上的勳卓,《明儒學案》載:

> 知華亭縣,清乾沒一萬八千金,以補逋賦,修水利,興學校。……
> 召入為御史、劾奏大奄及柄臣,有能諫名。……知平陽府,修關練
> 卒,先事以待,寇至不敢入。……尋陞尚書,累以邊功加至太子少
> 傅。〔註18〕

由此可見聶雙江為官用心,政績相當優良,並以此獲得上位者青睞,因此一生從政才能如此順遂,並非僅依靠他人的提拔。聶雙江亦把握這樣的機會,盡心盡力且公正廉明地為治下的人民做事,在〈雙江聶公行狀〉中就有詳細的記錄:

> 庚辰春(按:正德十五年,西元一五二〇年),就選吏部,授直隸華亭

〔註15〕張廷玉等撰:《明史》(乾隆四年刻本校本,台北:鼎文書局,1975年),頁5337。
〔註16〕筆者按,事見《明史》:「久之,寇患日棘,帝深以為憂。豹卒無所謀畫,條奏皆具文,帝漸知其短。會侍郎趙文華陳七事致仕,侍郎硃隆禧請設巡視福建大臣,開海濱互市禁,豹皆格不行。帝大怒切責。豹震慴請罪,復辨增官、開市之非,再下詔譙讓。豹愈惶懼,條便宜五事以獻。帝意終不懌,降俸二級。頃之,竟以中旨罷,而用楊博代之。」張廷玉等撰:《明史》(乾隆四年刻本校本,台北:鼎文書局,1975年),頁5337。
〔註17〕張廷玉等撰:《明史》(乾隆四年刻本校本,台北:鼎文書局,1975年),頁5336。
〔註18〕《明儒學案》,頁371～372。

縣知縣。華亭在東南，為鉅邑，官是地者，往往易為染污。先生至，
則首榮吏胥，格積年民皂，嚴防衙宇不得與外事，一時夙弊頓清，久
之，名遂大著。……有富民許震，私置金醬餅中，冀以啗先生，先生
隨置之法，一時豪猾斂避，境內大治。……邑之水利，在西鄉者低下，
水宜淺；鄉以東稍高仰，宜蓄水溉田。先生訪求利害，延禮之水利者，
撰次圖說，乃悉力疏濬修築，通計濬過塘港三萬丈。〔註19〕

華亭縣在河北境內，算是一個大型縣城，因此在此地為官，若非廉潔者，多有
貪污之嫌，即「易為染污」。聶雙江始任官職就擔任此地知縣，一上任即革新
吏治，使過往的陋習消失；在個人方面，清廉行事，有富人欲施賄賂，但卻遭
聶雙江束之以法，從這兩點來看，就可以看見一位儒者的行事風範。再加以濬
修水利，以便民生，實為一優秀官吏。

雙江於〈啟陽明先生〉一書中說過：

聖人之言近如地，遠如天，體即用，未有用，非其體者。而仕優則
學，學優則仕之說，竊疑其析之過矣！天下豈有仕外之學哉，仕即
學也，學即仕也。〔註20〕

這段話是雙江四十二歲時（嘉靖七年，西元一五二八年），致陽明之書，此時
的雙江學仕皆屬有成，因此對子夏的學仕之論有自我之體認，他認為學與仕本
來應該就是一體的，志學即為仕，在仕中自有「惻隱、羞惡、辭讓、是非之情」、
「君臣、長幼、夫婦、長幼、朋友之道」〔註21〕之學，而非如子夏所言，似為
二物，更將學與仕二者引伸為體與用的關係，因此，雙江便以仕來實現其道也。
另外，雙江自己在〈辯仁〉這篇文章中，對論語所言：「夫仁也者，己欲立而
立人，己欲達而達人，能近取譬，可謂仁之方也矣。」〔註22〕有如此解釋，亦
可以作為他在官場之「行」的註腳：

仁者，以天地萬物為一體，既是一體，痛則皆痛，癢則皆癢，天理
渾然。動以天也，識得仁體，則知求仁之學，不待於博濟，惟求其

〔註19〕〈雙江行狀〉，頁400左下～401左上。

〔註20〕聶豹：《雙江聶先生文集》卷十四（北京大學圖書館藏，明嘉靖四十三年吳鳳
瑞刻隆慶六年印本，收於《四庫全書存目叢書‧集部七十二》，台北：莊嚴文
化，1997年），頁385左下。以下引自此書者，不再重複記錄此書書名，僅載
《雙江文集》與頁碼。

〔註21〕上二條引文皆自《雙江文集》，頁385左下～386右上。

〔註22〕朱熹集註，蔣伯潛廣解：《四書廣解‧論語》（台北：啟明書局，無著錄出版年
代），頁85。

心而已矣。其次惟近取諸身，蓋及人之道，不遠於己而得之，因己之饑，思人之饑；因己之寒，思人之寒。蓋未至於仁，則不免有間，有間故有待於推強恕而行，求仁莫近焉，故曰：「可謂仁之方也已矣。」〔註23〕

聶雙江之所以廉政愛民，即是他對論語「可謂仁之方也已矣」的理解，如此在官場上磨練，以人饑己饑，人溺己溺的精神來服務人群，則是他對「仁」的實踐，但他並不認為這樣就可以達到孔子所謂「仁」的境地，所以他接著說：

天地萬物本吾一體，故天地我位，萬物我育，莫非己也。……誠者，非自成己而已，所以成物也。〔註24〕

以此來理解他政治上的想法，他認為「仁」就是萬物皆在己心，所有的事物都應該在自己的胸懷，這才是所謂的「仁」。由於儒家的思想是循序漸進的思想，因此雙江就其所處的環境，他找到了這條可以實踐「仁」的起點，以此為開始，加上雙江自身對理學思想的研究，構成了自成體系的思想。

第二節　聶雙江之學成經過

聶雙江歷練於宦途，但始終沒有離開學術研究，即使致仕後，直到七十六歲還與王龍溪、羅念菴等師兄弟一同修證聖道〔註25〕，致力於學術之交流，是以聶雙江在「學」的這一環節是絕對與其生平研究緊密相扣的。

一、雙江師承考辨

首先，雙江之學與其出身地密不可分。江西的書院到南宋時代就已相當興盛，朱熹興建白鹿洞書院與陸象山於槐堂和象山精舍講學，即為代表之例。元代則有吳澄的草廬學派。明初則有吳與弼、胡居仁、婁諒、羅倫等人。〔註26〕

〔註23〕《雙江文集》，頁581左上右下。
〔註24〕《雙江文集》，頁581右下。
〔註25〕筆者按，龍溪云：「弟去秋，過江右，與雙江、念菴、少初、疏山，群聚默證，頗受交修之益。」見王畿：《龍谿王先生全集・與呂沃州》（據日本江戶年間和刻本影印，台北：廣文書局，1973年），頁673。
〔註26〕筆者按，此段描述，可見呂妙芬《陽明學士人社群——歷史、思想與實踐》所述，更為詳細：「江右之所以能夠成為明代理學的重鎮，除了特殊的歷史因緣——如王陽明在江西的主政經歷——之外，更有長期的歷史淵源。江西的書院建設到了南宋時代已非常興盛，新建數量在170所以上，著名理學家朱熹和陸九淵與江西有密切的關係，朱熹興復白鹿洞書院並建立其教學模式，對

因而在此氛圍下，所營造出的學術系統將影響江右出身之學者。是以由這條歷史脈絡觀之，江右出身的學者受到一定程度程朱理學之影響則不可免，而雙江正是處在這個學術氛圍中。

其次，聶雙江的師友之費是由父親在家庭經濟拮据之時，勉強湊合出來的，因此雙江尤感父母之恩，努力向學進仕。在目前可以見到的資料中，雙江最早就學的紀錄是在十六歲時〔註27〕，為督學邵寶取為弟子員。邵寶的記載可見《明史·儒林傳》：

> 邵寶，字國賢，無錫人。年十九，學于江浦莊昶，成化二十年，舉進士，授許州知州。……修白鹿洞書院學舍，處學者。其教，以致知力行為本。……即終養歸，得疾，左手不仁，猶朝夕侍親側不懈。學以洛、閩為的，嘗曰：「吾願為真士大夫，不願為假道學。」舉南畿，受知于李東陽。為詩文，典重和雅，以東陽為宗；至于原本經術，粹然一出于正，則其所自得也。博綜群籍，有得，則書之簡。取程子「今日格一物，明日格一物」之義，名之曰「日格子」。〔註28〕

邵寶學從洛、閩，為官後又修葺白鹿洞書院以處學者，其學屬程朱一派，而邵寶時為江西提學副使〔註29〕，故治下之社學學風自然由提學官所主導〔註30〕，

後代理學和書院教育起了重大影響；陸九淵在槐堂和象山精舍講學，帶出許多門徒，並持續影響江西書院講學。元代江西書院興建依然頗盛，理學則有吳澄的草蘆學派。到了明初，則有吳與弼、胡居仁、婁諒、羅倫等講學大家。即使從這樣簡陋的學術史描畫下，我們也能體會江西學術傳統對陽明學發展的助益。特別是陽明學本源於對程朱學的反思與對話，沒有對程朱理學的興趣與知識，不可能欣賞陽明學的精意。」（台北：中研院近史所，2003年），頁373~374。

〔註27〕〈雙江行狀〉：「十六，督學無錫二泉邵公取為弟子員，一見大奇之。」，頁400右下。

〔註28〕張廷玉等撰：《明史》（台北：鼎文書局，景印乾隆四年刻校本，1975年），頁7245~7246。

〔註29〕筆者按，此段紀錄雖僅在〈雙江行狀〉中出現，然可知雙江十六歲時，時年為弘治十六年，《明史》記載邵寶出仕歷任：「弘治七年入為戶部員外郎，歷郎中，遷江西提學副史。……後宸濠敗，有司校勘，獨無寶跡。遷浙江按察使，再遷右布政使。……進湖廣布政使」寧王宸濠反為正德十四年事，再考《明一統志》卷五十九記載：「邵寶，正德中，湖廣左布政使。」因此我們可以推論弘治年間，邵寶的仕任，應當都在江西，所以〈雙江行狀〉所載邵寶擔任提學副使時，聶雙江為社學的學生應當是相當可信的資料。

〔註30〕郭麗明：《教民化俗——明代社學教育》：「明代科舉規定鄉試必須具備生員身份。……提學官除了責令地方官成立社學、考核社師外，更進一步地，提學官

因此聶雙江初次接觸儒學，以目前的資料來看，是由程朱學派入門。加上聶雙江所提出的「歸寂說」中有「靜坐持敬」的提倡，援用了許多程朱思想，只是他更加強調「靜」的工夫〔註31〕與「良知」的結合。從時間、學制，以及雙江的思想傾向來看，我們以此來推論聶雙江在初學之時的師門淵源，雙江曾「以吏為師」這條證據是毋庸置疑，而當時社學學官，正是邵寶。

二十歲時，受學於郭梅崖，此見於《雙江文集》：

我師梅崖先生，敦學好古，孝弟作人，一時在門牆者，不下百人。

（〈層峰孝子樹里落成序〉）〔註32〕

往余弱冠與坦菴仲子敏，同受學於梅崖郭先生之門。　（〈敕贈文林郎監察御史坦菴宋公墓誌銘〉）〔註33〕

然郭梅崖在《雙江文集》中，僅出現上述引文兩次，並且於其他史籍中，查無此人生平資料，是以未知其人對聶雙江之影響。歸納前說，自雙江十六歲受學，一直到四十四歲在王陽明身後拜入其門下為止，可考訂其就學從師之資料，在王陽明之前，僅邵寶與郭梅崖二人。但無法見得郭梅崖生平資料，所以透過筆者的推論，聶雙江的師承淵源資料，僅餘邵寶一人，故雙江之初學，可由此得知。

還要考校教師和學生。……不符要求者，即行革退。」（國立中興大學歷史學系，民國九十二年六月，碩士論文），頁12～13。筆者按，就此來看，雙江所以入社學者，亦有參與科舉之考量。又提學官因為有負責監督社學，甚至是選退師生的權力，是以提學官之學風，對社學的教育方向，必會造成一定程度之影響。然聶雙江當時是十六歲，據李東陽：《大明會典》：「各府、州、縣建立社學，訪保明師。民間幼童年十五以下者送入讀書，講冠、婚、喪、祭之禮。」卷七十八（國家圖書館藏，明萬曆十五年刊本，台北：東南書報社，1963年），頁1250右上。聶雙江十六為邵寶取為弟子員，可能不只僅是社學學生，而邵寶本身有修葺白鹿洞書院以處學者，雙江之學或者可能於此。無論如何，雙江的成學經歷非常有可能收到邵寶的影響。

〔註31〕筆者按，聶雙江曾言：「程子曰：『主一之謂敬。』一者，無欲也。然由敬而入者，有所持循。久則內外齋莊，自無不靜。」（雙江文集卷一）提出無欲而行，可謂之「敬」，而「靜」則是去除欲念的一種方式：「思慮營欲，心之變化。然無物以主之，皆能累心。為主靜則氣定，氣定則澄然無事。」（雙江文集卷十）是以強調「靜坐持敬」，這與伊川所言：「涵養須用敬。」和朱子強調的「持敬」思想，其實可說是同樣的思考，只是雙江將「靜」提升上來，以透過「靜坐」的方式產生「靜」的結果，進而排除欲念，以達「敬」，所以很明顯的，這個部份的思想，雙江必有採用程朱的思維。

〔註32〕《雙江文集》，頁293左上。

〔註33〕《雙江文集》，頁352右上。

其後，雙江二十歲至三十歲求學期間資料，以現存的資料無法查見。三十歲，以《易經》中鄉試，三十一歲中進士，隨後開啟了他學與仕二者並行的一生。以《易經》中鄉試這條資料，與其後所提出的「歸寂說」密不可分，徐階就在雙江墓誌銘中說到：

> 其說本於《易》所謂「寂感」，而證之以中和，證之以孝弟，又證之以古聖賢所以成己成物，守約而博施者，簡而明，暢而實。〔註34〕

這段文字說明聶雙江後來提出的「歸寂說」有本於《易經》中的「寂感」〔註35〕之說，我們可以見到雙江的學問從求學時期起，就與其後思想進路一致。在他三十四歲出任華亭縣知縣時，亦以「易」為本，日以講學〔註36〕，當時提學御史蕭鳴鳳曾說：「雲間素稱文藪，君一網盡矣。」〔註37〕，作育英才無數，可見聶雙江深厚的易學學問素養。

二、敬服陽明思想，致力良知之學

到了雙江四十歲，巡按應天府，首次面見陽明先生，《明儒學案》述之如下：

> 陽明在越，先生以御史按閩，過武林，欲渡江見之。人言力阻，先生不聽。及見之而大悅曰：「君子所為，眾人固不識也。」〔註38〕

聶雙江面見王陽明的經歷，予雙江開啟了良知學研究之門，因為在〈雙江行狀〉中提到，這次的會面是「相與講良知之學」〔註39〕，雖然在各式資料中，並未見此次會面的紀錄，但從此之後，雙江心折於陽明，以書信問學。只是很可惜，我們無法再見到此二人的重逢，因為在這次會面過的兩年後（嘉靖七年，西元一五二八年），陽明就因病逝世了，雙江亦因陽明逝世而留下〈哭陽明先生二首〉的詩作以悼念之：

〔註34〕 徐階：〈聶公豹墓志銘〉，（收於吳相湘主編：《國朝獻徵錄》，台北：學生書局，1964年），頁1624。

〔註35〕 易繫辭上傳：「易無思也，無為也，寂然不動，感而遂通天下之故，非天下之至神，其孰能與於此。」朱熹：《周易本義·繫辭上傳》，（《易程傳》書後加印，台北：文津出版社，1987年），頁596。

〔註36〕 〈雙江行狀〉，頁401左上。

〔註37〕 〈雙江行狀〉，頁401右下。

〔註38〕 《明儒學案》，頁372。

〔註39〕 〈雙江行狀〉：「是歲，乃往謁陽明王公於越，相與講良知之學，於是銳然以聖人為必可至。其後，以書問學於王公，公深歎先生任道之勇，乃為書復之。」頁402右上。

闻道陽明事已非，獨含清淚哭吾私。人憐星隕悲諸葛，我泣山頹逝

仲尼。百戰殊勳收偽漢，一言秘訣啟良知。斯文後死應誰與，萬古

龍山拜舊祠。　（其一）

莫位啣哀鎖院門，門頹梁委裂心魂。東流不盡門人淚，北斗誰知夫

子尊。氣運盛衰關治亂，斯文命脈繫乾坤。難將修短論顏跖，已死

周程今尚存。　（其二）〔註40〕

雙江以此二首詩明確的表達了自己對陽明的景仰，以陽明比孔子，顯示他認
為陽明先生是當時學界最崇高的人物。再者，雖然雙江是在陽明身後才由王、
錢二人為證，拜入陽明門下，但是由「東流不盡門人淚」、「北斗誰知夫子尊」
這兩句詩，我們可以得知，雙江自從與陽明先生在越見面後，就傾心於陽明
的思想，將其視為自己的恩師看待了。從雙江與陽明會面之後，對陽明的良
知之學無不惓惓，雖然到了後來，自己的「歸寂說」與陽明的良知說法有出
入之處，但並非所謂「不熟習陽明義理，支解其義」之論，而是有其轉化之
義。

　　與陽明會面後，雙江回到工作崗位上依然熱衷講學，但似乎漸漸轉變講學
之內容，開始偏向陽明之教，以〈雙江行狀〉中言：

群八閩秀士教之，重刻《傳習錄》、《道一編》、《二業合一論》、《大
學古本》，以訓迪諸生。〔註41〕

並見《雙江文集・重刻大學古本序》中所述：

嗚呼，陽明逝矣，其有功於聖學，古本之復其一也，予故刻于閩，
以存告朔之羊云。〔註42〕

雙江自從與陽明會面講良知之學後，其學風與教法皆開始往良知學研究路上
走。陽明逝後兩年（嘉靖九年，西元一五三〇年），聶雙江往守蘇州，以錢緒
山、王龍溪為證人，拜入陽明門下，正式成為陽明的弟子〔註43〕，之後，一生
皆致力於良知學之研究。

〔註40〕《雙江文集》，頁523右下。

〔註41〕〈雙江行狀〉，頁402右下。

〔註42〕《雙江文集》，頁278左下。

〔註43〕《明儒學案》：「陽明既歿，先生時官蘇州，曰：『昔之未稱門生者，冀再見耳，
今不可得矣。』於是設位，北面再拜，始稱門生。以錢緒山為證，刻兩書於石，
以識之。」，頁372。

第三節　聶雙江之悟道體驗

聶雙江自從與王陽明會面之後，傾心於陽明先生的良知之學，並以陽明的良知學為其研究之主線，見〈重刻傳習錄序〉與〈重刻大學古本序〉：

> 《傳習錄》者，門人錄陽明先生之所傳者而習之，蓋取孔門「傳不習乎」之義也，匪師弗傳，匪傳弗覺，先生之所以覺天下者，其與孔門何異哉？夫傳不師孔，猶弗傳也。孔門之傳，求仁而已矣。……予嘗聞先生之教矣，學本良知，致知為學，格物者，致知之功也，學致良知，萬物皆稱神而明之。……蓋仁即心也，心即知也，知即物也，外物以求知者為虛寂，外知以求心者為枯槁，外心以求仁者為襲取，外仁以求學者為泛濫滅裂。〔註44〕

> 大學古本之傳久矣，而世之學者乃復致疑於格物之說，□（舍）焉而不釋，何也？予使受學於陽明先生，駭而疑之，猶夫人也，已而反求諸身心日用之間，參諸程朱之訓，渙然若有所覺，而紛紛之疑亡矣。〔註45〕

由上述可知雙江對陽明無上的敬意，不過除了此點之外，必須要注意到的就是陽明學說帶給雙江的啟發。是以在〈重刻傳習錄序〉中，聶雙江特別強調了「學本良知，致知為學」、「仁即心也，心即知也，知即物也」，在〈重刻大學古本序〉也說受學於陽明之後，「反求諸身心日用之間」，所以疑慮皆除，因此，我們可以知道雙江自從與陽明會面之後，所致力者乃良知之學。然而，以上僅能解釋雙江之學從何而出，並不能真正的了解雙江何以由陽明的良知學中悟得了「歸寂說」的進路。

一、翠微初悟

在正式拜入陽明門下的隔年，雙江父喪〔註46〕，自此家居十年。在這十年中，四十八歲時又遭母喪，雙江依然講學不倦〔註47〕，同年，與鄒東廓等集九

〔註44〕《雙江文集》，頁 276 右下。
〔註45〕《雙江文集》，頁 278 左上。
〔註46〕《雙江文集·敕封孺人進宜人宋氏墓誌銘》：「辛卯十月，予不幸聞先大夫訃，挈妻東歸。」頁 339 右下。
〔註47〕〈雙江行狀〉：「稍暇，即受徒講學。於是邑之人士，咸執業門下。既服闋，上疏乞致仕。甲午六月，尋丁鄒夫人憂。自是杜門不出，前後凡十餘年。」筆者按，此謂「十餘年」者，乃是父喪該年開始的家居十年。頁 403 右上。

邑諸友會講於青原山〔註48〕，這時候聶雙江開始與其他師兄弟或學者接觸，研論「良知學」的相關問題〔註49〕，由於接觸良知學日繁，雙江又處於閒暇時期，因此在這段時間內，為日後之悟道，埋下了種子。

雙江鑽研良知學時期，開始有「歸寂說」的思考萌發，是在病居翠微山之時，年五十一歲。他鑽研《大學》古本，首次有與師說不同的領悟，雙江在〈大學古本臆說序〉中說到：

> 乃先師陽明子則謂：「舊本拆而聖人之意亡。」於是分章而復舊本，傍為之釋，以引其義。其序略云：「致知者，誠意之本也；格物者，致知之實也。物格則知致，意誠而有以復其本體。」……豹病廢山間，鑽研是書，歷有歲時，而於諸家之說，求諸心有未得，雖父師之言，不敢苟從。竊以孔門之學，一以貫之，孔之「一」，即堯舜相傳之「中」。中者，心之本體，非大學之至善乎？致知者，止至善之全功，格物者，止至善之妙用，意也者，感於物而生於知者也。誠言其順，格言其化，致言其寂也，寂以妙感，感以速化萬而一者矣。乃若必謂格致為求之於事物之間，則曾子之隨事精察，子貢之多學而識是也。夫子呼而告之，不已贅乎？〔註50〕

在王陽明的思想當中，心之本體是至善的，在心體上用不得工夫，工夫唯在心之發動處用，而誠意、致知、格物三者雖不是同一，但彼此可因陽明「致良知」

〔註48〕《雙江文集‧永寧重修儒學記》：「先是甲午仲春，予與東廓鄒子暨九邑諸友，會講於郡之青原山。侯嘗蕭庠生、劉某、尹某徵記於山中，予未有以報也。」頁 317 左上。

〔註49〕歐陽南野在〈答聶雙江〉此書中提及：「久不奉教，然聞朋輩翕聚磨礪，日精光輝，潤澤所被多矣。青原之會，一時風動，然欲篤實切磋，須彼此神思精專，乃能有益，群則難聚，泛則難入，其勢有不得不然者。……聞欲與東廓為青原之會，甚善甚善，道之不明，大率朋友離索之故，二公會於青原，同志必聞風而來，豈為自成自道，將其所及者亦廣矣。但須常常提撕良知頭腦，使諸友日就平易簡實，無浮泛論議、曲折蹊徑，乃為有益，為執事圖之。」見《歐陽南野先生文集》，卷一（北京大學圖書館藏，明嘉靖三十七年梁汝魁刻本，收於《四庫全書存目叢書‧集部八十》，台北：莊嚴文化，1997 年），頁 367～368 左下右上，以下引自此書者僅註明《歐陽南野文集》與頁碼。筆者按，在此，歐陽南野相當肯定聶雙江與其他學者友人集於青原山論道講學，書信之中，亦有期望雙江等人對良知學的研究領悟能更精進之語，所以我們可以知道，雙江在此時，大致上是從師說以為良知學，還未見與「歸寂」相關之說法，故此時的歐陽南野未見反對語，而有讚賞之意。

〔註50〕《雙江文集》，頁 281 右上。

概念而統於一，知既致，則意自誠，物自格。〔註51〕在這裡，雙江雖同意陽明
所說的「心即至善」，可是在此他卻對陽明「致知」一事有所發揮。陽明所言
「致知」乃推致自我之良知，即孟子「擴而充之」之意，但雙江在此則言「致
言其寂」而「寂以妙感」，承雙江在這篇文章所言「感於物而生於知者」，則可
知雙江在「致知」之中，另置了一所謂的「寂」，因為他認為若「必謂格致為
求之於事物之間，則曾子之隨事精察，子貢之多學而識是也」，因此將「寂」
字放入於陽明「致良知」的概念之中，認為「致良知」就需要回到所謂的「寂」。
當然，他自己也很了解這與陽明的說法有所出入，但是他慢慢的有了自己的思
想輪廓出現，是以其言「雖父師之言，不敢苟從」。另外，他在〈括言〉這篇
文章中，還說：

> 嘉靖丁酉夏，予以病，移居翠微山中者數月。一日坐老友劉中山床，
> 中山子撫予背而問之曰：「近日之學何如？」予曰：「不睹不聞者其則
> 也，戒懼者其功也。不關道理，不屬意念。無而神，有而化，其殆天
> 地之心，位育由之，以命焉者也。」曰：「若然，其四端於我擴而充之
> 者，非耶？」曰：「感而遂通者，神也，未之或知者也，知此者，謂
> 之助長，忘此者，謂之無為。擴充云者，蓋亦自其未發者充之，以極
> 其量，是之為精義以致用也，發而後充，離道遠矣。」〔註52〕

雙江在翠微山養病時，他利用這段靜養的時間，除了《大學》之外，還有針對
宋明儒討論中和問題的依據：《中庸》而發表的看法〔註53〕，上述一段便是例
子。《中庸》言：「是故君子戒慎乎其所不睹，恐懼乎其所不聞。莫見乎隱，莫
顯乎微，故君子慎其獨也。」〔註54〕在此，雙江以「不睹不聞」為其則，「戒
慎、恐懼」是「達道」的一種工夫，參照此篇文章文字，我們見到的是雙江「坐

〔註51〕本段由「心之本體是至善的」起，引自蔡仁厚：《王陽明哲學》，（台北：三民
　　　　書局，2007 年）頁 30～32。

〔註52〕《雙江文集》，頁 548 右下。

〔註53〕筆者按，宋明儒討論中和問題的依據，以《中庸》首章為主：「天命之謂性，
　　　　率性之謂道，修道之謂教。道也者，不可須臾離也。可離，非道也。是故君子
　　　　戒慎乎其所不睹，恐懼乎其所不聞。莫見乎隱，莫顯乎微，故君子慎其獨也。
　　　　喜怒哀樂之未發，謂之中；發而皆中節，謂之和。中也者，天下之大本也；和
　　　　也者，天下之達道也。致中和，天地位焉，萬物育焉。」凡論及心性問題者，
　　　　多會引用此文。朱熹集註，蔣伯潛廣解：《四書廣解‧中庸》，台北：啟明書局
　　　　（無著錄出版年代），頁 1～2。

〔註54〕朱熹集註，蔣伯潛廣解：《四書廣解‧中庸》，台北：啟明書局（無著錄出版年
　　　　代），頁 2。

老友劉中山床」，因此，我們可以推論聶雙江於此時，大概是想嘗試透過「靜坐」的工夫，試圖達到所謂「不關道理，不屬意念」體悟「寂」的境界。而此處所謂的「不關道理，不屬意念」實際上就是陽明「致良知」思想中的「良知」，不過卻又與陽明有所差異，因為雙江認為所有的「善」應當都是由「未發之中」為始點而發動，而不是「發而後充」，所有的發動都是在「已發」的狀況下呈現，而「已發」則是良知的發動狀態，真正的良知，應當要回歸到「未發」之中。所以我們在此就可以看到雙江已經將「未發」與「已發」形成區隔，明顯與其師王陽明的思想概念有所分歧〔註55〕，這段話原本是與上面「移居翠微山中者數月」接續而來，所以我們可以說，在這段時間的雙江，雖然未直言「歸寂」二字，但以明顯有了「歸寂說」的思想雛形出現。從此之後，雙江對王陽明的思想，並不再拳拳服膺，而慢慢的建立自己的思想體系。

二、獄中徹悟歸寂之說

聶雙江五十二歲時悟「本體虛寂之旨」〔註56〕，五十三歲時，闡明「虛無之旨」〔註57〕，五十六歲，著《大學古本臆說》，並以涵養本體虛寂為依歸。這段時間雙江漸漸將其「歸寂說」組織化，做成一整體思想，是以五十七歲時，羅念菴即可聞「歸寂說」，心有所疑，可見在這段時間中，聶雙江就已經在慢慢整理發表他的理學思想觀點。到了六十一歲時，因受夏貴溪謗而下獄，在獄中著《困辯錄》等書，此時聶雙江對「歸寂」之說才算大悟，而終生皆述此說。

〔註55〕 筆者按，王陽明在傳習錄·答陸原靜第二書中有如是說：「未發在已發之中，而已發之中未嘗別有未發者在；已發在未發之中，而未發之中未嘗別有已發者存。」所謂的「未發」與「已發」，在王陽明的思想之中，兩者是可以畫上等號的，因此，若是在「未發」中別求「已發」，或者在「已發」中別求「未發」，都是有問題的說法，因為這兩者是同樣的事物，即是「性」、「理」、「良知」，所以雙江拆離了「已發」與「未發」，與王陽明的說法有很大的出入。

〔註56〕 〈雙江行狀〉：「戊戌以後，先生有悟於本體虛寂之旨。」頁406左下。

〔註57〕 《雙江文集·送王樗菴獻績之京序》：「君子之道，虛中無我以體天地之撰，以通神明之德，以類萬物之情，而世常以虛無詆佛老，而忌言之。虛無者生化之推，無足以病佛老哉。惟並虛無所生化者，謂為障與妄，雖倫理感應，亦在所不屑而簡棄之，卒以徇其自私自利之見，此其得罪於聖人，而世常以須無罪之，過矣。君子戒慎乎其所不睹，恐懼乎其所不聞，非虛無之至者乎？虛而道，無而方，廓然順應，位育以之，是特毫釐之差耳。今之薄虛無而不為者，雖五尺童子亦然，而日硜硜然，為道理格式是求。極其所至，上者功利，其次訓詁襲義，傳訛反為佛老之徒所鄙，而適以藉其訕儒之口也。」頁300左下。此雙江所以辯「虛無之旨」的言論。

關於在獄中悟「歸寂」之說，在《明儒學案》中有如此記載：

> 先生之學，獄中閒久靜極，忽見此心真體，光明瑩徹，萬物皆備。
>
> 乃喜曰：「此未發之中也，守是不失，天下之理皆從此出矣。」及出，
>
> 與來學立靜坐法，使之歸寂以通感，執體以應用。〔註58〕

黃宗羲在此處很清楚的交代了聶雙江在獄中，完全通悟了「歸寂」之說，並且深信不疑，出獄之後更立下靜坐之法，欲用此工夫使本心歸寂。然而，就吳震在《聶豹、羅洪先評傳》所述，黃宗羲這段言論並無法在聶雙江的任何著作中見到〔註59〕，不過在《困辯錄》的自序中，有這樣的一段話：

> 嘉靖丁未仲冬廿一日，予被逮至京師，又明日下詔獄，無所事事，
>
> 惟面壁觀心，並考平生所學，於此時此地，有所資焉否也。……易
>
> 不云乎：「素履之往，獨行願也。」惟獨行其願，而不願乎外，則願
>
> 之自我者，求無不得，其在外者，本無得喪，有何怨尤之。〔註60〕

在這裡我們可以看見，雙江自謂被逮至京師下獄後，無所事事，所以面壁觀心，並考生平所學，在此間是否可以給自己有某些方便的幫助，因而他想到一句《易經》上的話：「素履之往，獨行願也。」這段話就顯示了雙江在此處，是在自我思想反饋，與《明儒學案》中所言「先生之學，獄中閒久靜極，忽見此心真體，光明瑩徹，萬物皆備」是相互契合的，加上《困辯錄》這部書，確實是聶雙江在獄中所寫成，就羅念菴的說法，這部書是「以明寂感之故」〔註61〕之作，等於是聶雙江的「歸寂說」思想成形之作，是以黃宗羲的說法，雖然不能在雙江的著作中找到出處，但是黃宗羲之所述，亦不脫於聶雙江的想法。

自翠微初悟，直至雙江入獄，對「歸寂說」有相契合者，如羅念菴，他說：「雙江所言，真是霹靂手段，許多英雄瞞昧，被他一口道著，如康莊大道，更無可疑。」〔註62〕其後有「收攝保聚」說，即受雙江之影響。除有契合者外，

〔註58〕《明儒學案》，頁372。

〔註59〕吳震：《聶豹、羅洪先評傳》：「《明史》聶豹本傳亦承宗義此說。其實宗義此說似有誤。遍查《雙江集》，未見雙江自己在入獄期間，對於『忽見此心真體』這一體驗有所敘述，不知宗義所引『乃喜曰』一段，出典何在。」（南京：南京大學出版社，2001年），頁105。

〔註60〕聶豹撰，羅洪先批註：《雙江先生困辯錄》（南京市博物館藏明刻本，收於《四庫全書存目叢書·子部一百一十六》，台北：莊嚴文化，1997年），頁411右上。以下引自此書者，不再重複記錄此書書名，僅載《困辯錄》與頁碼。

〔註61〕《困辯錄》，頁412右上。

〔註62〕《明儒學案·貞襄聶雙江先生豹》卷十七，頁373。

「歸寂說」所遭逢的難端更多，如王龍溪、黃洛村、陳明水、鄒東廓、劉兩峰
等人，在雙江初悟之後多與其有書信，或者學術聚會的問答，質疑雙江的「歸
寂說」。亦由於聶雙江倡「歸寂說」遭王門諸高弟交相問難與質疑，因此在六
十三歲獲釋當年的沖元大會，雙江始有厭會之情緒，羅念菴因此去書勸慰雙
江：

> 能虛心取之，皆足以為觀法之助，故有持異說，與我迥不類者，亦
> 能詳察，以求其故，而不敢遽有忿心，以來扞格之勢。……非必以
> 不會，矯會之弊，求為益我者耳。〔註63〕

聶雙江在遭逢牢獄之災後，其學問工夫益深，原本對雙江之說有問難的劉兩峰
因而改變了一些看法，是以《明儒學案》劉兩峰先生學案則載：

> 「吾心之體，本止本寂，參之以意念，飾之以道理，侑之以聞見，
> 遂以感通為心之體，而不知吾心雖千酬萬應，紛紜變化之無已，而
> 其體本自常止常寂。彼以靜病雲者，似涉靜景，非為物不貳、生物
> 不測之體之靜也。」凡此所言，與雙江相視莫逆，故人謂雙江得先
> 生而不傷孤另者，非虛言也。……其於師門之旨，未必盡同於雙江，
> 蓋雙江以未發屬性，已發屬情，先生則以喜怒哀樂情也，情之得其
> 正者性也。〔註64〕

劉兩峰亦受到了聶雙江對於「寂」的觀點所影響，當然，並非全盤接受，與羅
念菴一樣，都是在自己的理論系統中，加入了一些聶雙江對「寂」的說法，因
此黃宗羲言：「其於師門之旨，未必盡同於雙江。」兩者因收到雙江思想之影
響，而皆與雙江成為莫逆。因此，雙江的思想，我們亦可以此為註腳，雖然雙
江出於王門，但他知道自己的思想有些許部份與王陽明有所差異，我們可以把
這種差異性，視為王學思想的轉化。

　　雙江從此多有與其他王門弟子在良知學上的論辯，最著名的是七十二歲
時與王龍溪有對〈致知議略〉的學術激辯（其辯論後收於《龍谿王先生全集》
卷六〈致知議辨〉中），這場激辯可謂是極具深度的王學思想學術辯論，所討
論者，簡言之，乃「良知」是否「現成」之問題〔註65〕，而這部份的問題直接

〔註63〕羅洪先：《念菴文集‧答雙江公》卷三（故宮博物院藏文淵閣景印本，台北：
　　　　商務印書館，1974年），頁80。

〔註64〕《明儒學案‧處士劉兩峰先生文敏》卷十九，頁431～432。

〔註65〕筆者按，此處直引勞思光《中國哲學史》語（三上，台北：三民書局，1987年
　　　　三版）。頁470。

涉及了聶雙江的「歸寂說」思想，此處不予贅言，留待後章論述。

　　雙江七十二歲至七十七歲過世這段時間內，與王龍溪等王門弟子有所聚會，亦圖窮究寂感之旨。雙江過世後，「屬纊之日，家無餘錢，至不能具賓客」〔註66〕，與其一生行事態度觀之，真可謂「此乃雙江矣」。

　　以聶雙江之「仕、學、悟」三者觀之，尤其學與悟二者，對於「歸寂說」影響甚巨，至於其仕，則是體現了雙江自己認為「學行合一」的概念。下一章，則專論聶雙江的「歸寂說」。

────────────────

〔註66〕〈雙江行狀〉，頁 407 右下。

第三章　聶雙江之「歸寂說」

　　聶雙江師出王陽明，然其對「已發」、「未發」與「寂體」三者之說法，卻迥異於陽明的說法，但此三者卻是聶雙江建構「歸寂說」最主要的三個概念。

　　在王陽明的思想中，對「已發」、「未發」與「寂體」有相當篇幅之討論，其源頭自然是《中庸》首章。據牟宗三在〈王學的分化與發展〉文中所述，我們可以得到兩個王陽明對於「良知」的論點：其一，獨知與知善知惡之知，皆為良知，因此隨時在眼前表現的良知，與良知的本體並無分別；其二，王陽明言「致良知」，其「致」字乃是擴充之義，也就是把良知推進到各種事物上，使事事物物皆得其理，皆可為正。

　　根據牟宗三之論，我們可以了解王陽明在「已發」與「未發」的思想定位上，是將此二者劃上等號的，不管是已經實踐了的良知（即形諸於行為的善），或者是存在於本心而未有外顯行為的良知（即本心、本性），這兩者是相等的，不該有分別的，《傳習錄》中有此一段記載：

> （陸澄）問：「伊川謂不當於喜怒哀樂未發之前求中，延平卻教學者看未發之前氣象，何如？」先生曰：「皆是也。伊川恐人於未發前討個中，把中做一物看。如吾向所謂認氣定時做中，故令只於涵養省察上用功。延平恐人未便有下手處，故令人時時刻刻求未發前氣象，使人正目而視惟此，傾耳而聽惟此。即是戒慎不睹、恐懼不聞的工夫。皆古人不得已誘人之言也。」[註1]

在此處所謂的「中」，在王陽明的掌握之中，便是《中庸》所言的「性」，或者孟子所說的「本心」，因此針對陸澄之問，他皆表達贊同之意，無論是伊川所

〔註 1〕陳榮捷：《王陽明傳習錄詳註集評》（台北：學生書局，1998 年），頁 103。以下引自此書者，不再重複記錄此書書名，僅載《傳習錄詳註集評》與頁碼。

言，或者是延平之說，最重要的地方就是求個「中」，之所以表達有所差異，只是「古人不得已誘人之言也」，因為需要表達自己的觀點，只好用如此的表述方式。〔註2〕由此來看，不管是「已發」、「未發」，在陽明思想中並無二致，都是「中」的一種表述方式，是以陽明有言：

> 未發之中，即良知也；無前後內外，而渾然一體者也。有事無事，可以言動靜，而良知無分於有事無事也。寂然感通，可以言動靜。而良知無分於寂然感通也。動靜者所遇之時。心之本體，固無分於動靜也。理無動者也，動即為欲。循理則雖酬酢萬變，而未嘗動也。從欲則雖槁心一念，而未嘗靜也。動中有靜，靜中有動，又有疑乎？無前後內外，而渾然一體，則至誠有息之疑，不待解矣。未發在已發之中，而已發之中，未嘗別有未發者在。已發在未發之中，而未發之中未嘗別有已發者存。是未嘗無動靜，而不可以動靜分者也。〔註3〕

在這裡更可以理解，王陽明所謂「未發之中」，指的是人本身即具有的良知天理；「已發」則是已經發動顯諸於外的良知良能。因此，在「未發」之中，「已發」本就應該存在，而非再去尋找一個「已發」；反之「已發」之時，已有「未發」在其中，而非再求「未發」。是故，此二者本身就是良知，即陽明所謂「無前後內外，而渾然一體」之義，「未發」即「已發」。

而「寂體」就是王陽明所指的「良知」：

> 性無不善，故知無不良。良知即是未發之中，即是廓然大公、寂然不動之體，人之所同具者也。〔註4〕

從此段來看，我們可以更加清楚的了解，「未發」、「已發」、「寂體」三者，在王陽明的觀念中，其實都是指「良知」，也就是孟子的「本心」，人所同具的「善」。

聶雙江在「翠微初悟」時，因鑽探古本《大學》而對於「寂」概念的理解逐漸異於陽明的說法，並述及宋明儒對於中和問題的討論依據；在《中庸》，對於「已發」、「未發」與「寂體」的關係，有了自我重新的理解與解釋。如此

〔註2〕筆者按，此段引文中，伊川與延平之言「中」，事實上是與王陽明有其異同之處，只是陽明採取的是一個較為宏觀的觀點，不將「中」當作「一物」來看，因此不管是「伊川謂不當於喜怒哀樂未發之前求中，延平卻教學者看未發之前氣象」，都是一種直見本心的方法，是以回答「皆是也」。

〔註3〕《傳習錄詳註集評》，頁220。

〔註4〕《傳習錄詳註集評》，頁217。

一來勢必產生出於師說的異論，然而我們在前述章節談過，如果把聶雙江承王陽明之學的背景經驗除去，聶雙江的說法則會有一番不同於王學的新面貌。本章即就聶雙江思想來談「歸寂說」。

第一節　聶雙江「歸寂說」之源起

　　聶雙江謂「歸寂說」為得陽明本旨，在王門諸子中，為唱異論之先，是以掀起王學後學之間的激烈詰難，若王龍溪、陳明水、鄒東廓等人，皆曾致書聶雙江已表反對或問難之意，但亦有贊同者，如羅念庵稱其說為「霹靂手段」，劉兩峰則從早先的反對，直至「晚乃信之」〔註5〕。就此而言，聶雙江在如此狀況下，依然能夠「一一申之」，甚至使劉兩峰由開始的反對而到後來的推崇，可見得「歸寂說」必然有其完整的思想建構，此節將從「歸寂說」的源起開始論述。

一、聶雙江的思想傾向

　　聶雙江自從在越與王陽明相會後，便傾心於陽明的學說，在二人分別後，還有書信往來問學的過程。在現存王陽明的著作裡，《傳習錄》中錄有〈答聶文蔚〉書信二封，其中第一封於嘉靖五年（西元一五二六年）所寫〔註6〕，現存資料無法見到聶雙江啟陽明之原書，僅得陽明答聶雙江，但經陽明回信內容推測，聶雙江寄陽明之書應是針對同年之會晤所抒發之感想，陽明藉回信自述自我之志向與期勉雙江之意〔註7〕，此篇較無涉及思想理論之問答。但是第二

〔註5〕《明儒學案·江右王門學案二》卷十七：「王龍溪、黃洛村、陳明水、鄒東廓、劉兩峰各致難端，先生一一申之。惟羅念庵深相契合，謂『雙江所言，真是霹靂手段，許多英雄瞞昧，被他一口道著，如康莊大道，更無可疑。』兩峰晚乃信之，曰：『雙江之言是也』夫心體流行不息，靜而動，動而靜。」頁373。

〔註6〕《傳習錄詳註集評》陳榮捷註：「春間。年譜繫聶書於嘉靖五年（一五二六）。是年陽明五十五歲，在越。年譜謂是年夏先生見陽明。別後致此書。施本、俞本，均作『夏間』，未知孰是。又年譜謂南元善于嘉靖三年（一五二四）續刻傳習錄，錄收此書。則年譜繫聶書之年與繫南刻之年，必有一誤。」頁257。

〔註7〕《傳習錄詳註集評》：「施邦曜云：『此篇文字，見先生直以斯道自任。』；佐藤一齋云：『會稽以下，寫出遯世無悶，樂天知命狀景。』；東正純云：『文成是書，大意在因文蔚之言，而更洗瀂而進之。固非抑文蔚之言而伸其說也。』又云：『遯世無悶之情，寫出無剩。蓋樂天知命之學，必從潛龍不拔入焉。自非聰明之至，不能知其所以然。故為文蔚切言之。』；蔣鑨云：『此篇自述救世苦心。』」頁264～265。

書則可看出聶雙江與王陽明二人思想之交涉，第二封書信往來於第一書的後兩年，即嘉靖七年（西元一五二八年）〔註8〕，同年陽明辭世。

　　聶雙江寫給王陽明的第二書，原書〈啟陽明先生〉，可見於《雙江文集》第八卷的首篇，因此在原書與回信都齊全的狀況下，可以明白的看清兩人思辨的過程。從聶雙江的這篇書信來看，他所想要詢問王陽明的問題有幾點：其一，由孝弟事親從長之間，以求良知之學可否？〔註9〕其二，接物處事的態度問題，以此來見心中之誠與不誠。〔註10〕其三，聶雙江以存養為「存心養性」之義，向陽明詢問《孟子》中的心性問題。〔註11〕其四，與湛甘泉論及《中庸》「尊德性，道問學」，有不同之論，故併請之陽明。〔註12〕

　　透過此封聶雙江寄給王陽明的請學信中，我們對聶雙江對於陽明學說的理解可以推知一二，由上列四點聶雙江請學陽明的問題來看，當中可以提出一個最核心觀點，即聶雙江在良知學的觀念中，著重者乃「工夫」層面，以為以「工夫」的存養再去推及良知，實是理解良知之道，尤其以上段所列的第一、四點最為明顯，例如雙江所說「只為今人不識孝弟，往往求於儀文之末，而不知一念非天，一事非理，一物失所，皆非孝也。……欲於事親從長之間而求良知知學焉，何如？」、「日知其所無也，存心養性；月無忘其所能也，殀壽不貳，至死不變也。窮理盡性，以至命也一也。」皆從良知的工夫層面來講，是以陽明回應：

〔註8〕　《雙江文集‧啟陽明先生》卷八：「敵違道範丙戌之夏，迄今兩寒暑矣。」，頁385右下。聶雙江與王陽明於嘉靖五年會面，可見得此書信寫作時間為嘉靖七年。

〔註9〕　《雙江文集‧啟陽明先生》卷八：「始知〈西銘〉即中庸之理，而曾子啟手足得全歸之義，舜武周公之庸行為中庸之極致，只為今人不識孝弟，往往求於儀文之末，而不知一念非天，一事非理，一物失所，皆非孝也。……欲於事親從長之間而求良知知學焉，何如？」頁386左下～387右上。

〔註10〕　《雙江文集‧啟陽明先生》卷八：「誠與不誠之間，億逆先覺之由分也，若今必欲以億逆為戒，而一惟坐以待，至以覺之其流之弊，將至厭事惡外，守空悟寂，恐亦不得為覺也，不知何如？」頁387右下。

〔註11〕　《雙江文集‧啟陽明先生》卷八：「盡心云者，即《中庸》之盡性也。然已盡之心不存，則盡者有時或塞；已知之性不養，則知者有時或昏。……日知其所無也，存心養性；月無忘其所能也，殀壽不貳，至死不變也。窮理盡性，以至命也一也，妄意如此，不知何如？」頁387左下～388右上。

〔註12〕　《雙江文集‧啟陽明先生》卷八：「德性者，良知也。道問學者，致知之功也。……近淮陰邂逅甘泉先生，深夜講論，偶因及此，亦微有不同焉，並錄以請。」頁338右上～338左上。

> 文蔚致知之說，求之事親從兄之間，便覺有所持循者，此段最見近
> 來真切篤實之功，但以此自為不妨，自有得力處。以此遂為定說教
> 人，卻未免又有因藥發病之患。……蓋良知只是一個天理明覺發見
> 處。〔註13〕

> 細觀文蔚之論，其意以恐盡心知天者廢卻存心修身之功，而反為盡
> 心知天之病。是蓋為聖人憂工夫之或間斷，而不知為自己憂工夫之
> 為真切也。〔註14〕

這裡陽明明白的指出「蓋良知只是一個天理明覺發見處」與聶雙江知曉，因為
聶雙江的言論一直繞著存養工夫打轉，忽略了陽明思想根源處是與孟子相
同，良知是要「擴而充之」以達至善，而非藉由「存心養性」而至至善，兩者
的差異甚大，因此陽明特別點出「蓋良知只是一個天理明覺發見處」，「存心修
身」僅是其中的一項「工夫」，只是「做盡心知天功夫之始」〔註15〕，故陽明
於信中亦講：

> 文蔚識見本自超絕邁往。而所論云然者，亦是未能脫去舊時解說文
> 義之習。是為此三段書，分疏比合，以求融會貫通。而自添許多意
> 見纏繞，反使用工不專一也。近時懸空去做勿忘勿助者，此意見正
> 有此病，最能耽誤人，不可不滌除耳。〔註16〕

這就是擔心雙江講良知偏向於存養工夫層面。後來聶雙江「歸寂說」正是由存
養以至於性體的角度來詮釋陽明的思想，其實從此處就可以知悉。

二、與知覺派的區隔

前述已論及王陽明對於《中庸》首章的解釋，而聶雙江的「歸寂說」亦由
此而發，不過他的詮釋卻與王陽明有相當大的差異，聶雙江將「已發」、「未

〔註13〕《傳習錄詳註集評》，頁270。
〔註14〕《傳習錄詳註集評》，頁273。
〔註15〕王陽明答聶雙江於〈啟陽明先生〉盡心一問語：「吾儕用工，卻須專心致志在
　　　　殀壽不貳，修身以俟上做。只此便是做盡心知天功夫之始。正如學起立移步，
　　　　便是學奔走千里之始。吾方自慮其不能起立移步，而豈遽慮其不能奔走千
　　　　里？」見《傳習錄詳註集評》，頁274。
〔註16〕《傳習錄詳註集評》，頁274。此處王陽明講雙江恐「未能脫去舊時解說文義
　　　　之習」，筆者以為正是雙江早期可能受程朱學說的一個間接證據。雙江早年為
　　　　邵寶取為弟子員，邵寶學從程朱，故雙江為學可能是由程朱學門入手。是以其
　　　　思想論述，會傾向存養與性體，亦可以預見。

發」與「寂體」三者拆分而論，何以拆分而論，自有其理由。試見聶雙江在《困辯錄》首篇〈辯中〉裡，引《中庸》文字後，即明白的述及他建構「歸寂說」的基本概要：

> 《中庸》首章，是精一執中的傳註，不必更著一字為訓，血脈貫通，語意精備。夫上帝降衷於下民，民受天地之中以生，中即命，命即性也。率其性之自然，發無不中，性即道也，堯舜性之也。氣拘物蔽，道有所失，脩而復之，脩後教立焉，道即教也，湯武反〔註17〕之也。戒謹恐懼，堯舜湯武之兢業祗畏是也。不睹不聞，便是未發之中，常存此體，便是戒懼。去耳目支離之用，全虛圓不測之神，睹聞何有哉？不聞曰隱，不睹曰微，隱微曰獨，莫見莫顯，誠之不可掩也。慎獨云者，言戒謹恐懼，非他人所能與，退藏於密，鬼神莫窺，其際是獨也。〔註18〕

在這段文字當中，聶雙江講「中即命，命即性也」，只要「率其性之自然」，依照性本然的道路走，那麼不管做什麼，都是孟子所言的「善」，這樣的性就是「道」。然而當此「道」有所迷失之時，必須透過「脩」來使「道」復歸。迷失而後回歸本性，這樣的進程，依聶雙江言，就稱為「教」，既然可以透過「教」的進程使人回歸本心，所以「道即教也」。通篇在闡述其對《中庸》首章之理解。

在此處我們看見了幾個概念：「中、命、性、道、教」，這幾個字在《中庸》裡頭是有次序層遞的關係，但聶雙江全部將這些辭彙以一個「即」字串連，告訴我們這幾個概念其實都是相等的，這與王陽明所言「性即良知」、「良知即未發之中、已發之和」並無二致。〔註19〕然而我們仔細來看雙江這段文字，「中即命，命即性也」，這裡指出的是人的本性，即陽明所說的「良

〔註17〕筆者按，在南京市博物館明刻本的原文為「湯武友之」，然考《中庸》，該刻本之「友」字應為「反」字之誤，故此處以《中庸》文字訂正之。

〔註18〕聶豹撰，羅洪先批註：《雙江先生困辯錄》卷一（南京市博物館藏明刻本，收於《四庫全書存目叢書‧子部九》，台北：莊嚴文化，1997年），頁414左上右下。以下引自此書者，不再重複記錄此書書名，僅載《困辯錄》與頁碼。

〔註19〕筆者按，見本章註4引文，王陽明以為良知之天理無分有事無事，也無分寂然感通，當然亦無分動靜，既然如此不管是外顯的良知活動，或者是內在的道德良知，就其本源，都是所謂的「性」，也就是《中庸》所直陳的天命，故在王陽明的觀念中，「良知」乃是唯一，其餘即「擴充」之意，一樣在良知的範疇當中。

知」。而後言「率其性之自然，發無不中，性即道也，堯舜性之也」，這段非常相似於孟子所言「四端」之說，但是聶雙江在此已經隱有層次之分了。孟子言四端為人之本性，尚須「擴而充之」，王陽明所言「致良知」，其「致」字有「推致」之意，因此也是「擴充」的意義，與孟子相同，但是聶雙江講「率其性之自然，發無不中」，卻失去了「擴充」之意，代之為「發動」意，因此雙江所說的「道」，其實是「已發動了的性」。再看後面言「氣拘物蔽，道有所失，脩而復之，脩後教立焉，道即教也」，若是「道」〔註20〕被外物蒙蔽，那麼只有透過修身養性來回到「道」的本途，而這個過程就稱為「教」，這段文字事實上近乎朱熹而非陽明〔註21〕，因陽明所主張者還是「致良知」一句，因為不管蒙蔽也好，失道也罷，只要推致良知，事事物物本就在天理之下，因此自然能夠得正，所以聶雙江此處講的「教」，卻又在「道」下一層了。

雖然聶雙江自己文章將「中、命、性、道、教」皆以「即」字畫上等號，但是細究之後，是可以整理出一條清楚的思想脈絡，即是他所認為的「性、命、中」就是所謂的「良知」，是人自然而有的；「道、教」二者，是「堯舜性之、湯武反之」，屬於一種發之在外的外顯「行為」，與「良知」這種形上概念有所差異。

聶雙江認為陽明思想經過後學研究後，產生對於「良知」如何「致」的思想區別，因此他對於王學的分化，進行了如此的理解與分辨：

> 今之講良知之學者，其說有二。一曰：「良知者，知覺而已，除卻知覺別無良知。學者因其知之所及而致之，則知致矣，是謂無寂感、無內外，而渾然一體者也。」一曰：「良知者，虛靈之寂體，感於物而後有知，知其發也。致知者惟歸寂以通感，執體以應用，是謂知遠之近，知風之自，知微之顯，而知無不良也。」夫二說之不相入，

〔註20〕 筆者按，這裡所言「道」，依雙江思想理路，即前述所言之「道」，也就是「已發動了的性」。

〔註21〕 依蔡仁厚《王陽明哲學》言：「牟先生以為致知格物實有二式：（一）認知心下之『致知究物』，是認識論的『能所為二』之橫列的。這是朱子的路。（二）良知下之『致知正物』，則是道德實踐的『攝物歸心、心以宰物』之縱貫的。（擴大而言之，則是本體宇論的攝物歸心、心以成物之縱貫的。）」（台北：三民書局，2007 年），頁 28。據聶雙江之論：「氣拘物蔽，道有所失，脩而復之，脩後教立焉，道即教也。」是比較接近於朱熹對於格物致知的解釋，因此此處筆者以為其論是近乎朱熹而非陽明。

> 若柄鑿然。主前說者,則以後說為禪定、為偏內;主後說者,又以
> 前說為義襲、為逐物。聽者惑焉,而莫知所取衷。〔註22〕

聶雙江將陽明後學判為兩派,一為知覺派,一為虛寂派,前者指將良知學認為是「現成見在」,強調良知的「先天性」與「遍在性」,故如此以「當下即良知」的思想就會被當成接近禪學的思想。後者則以良知為「歸寂」方可得。聶雙江之所以如此判教,在這段話裡講得很明白,他說主「知覺」者「為義襲、為逐物」,在陽明提出「致良知」的思想時,可以是一種思想上的大改革,然而到了後學承繼陽明思想的時候,就不應該只是一種流行,而要對陽明的思想有所反芻。不過雙江的結論說:「聽者惑焉,而莫知所取衷。」他自己對於此二種分派取向都有仔細的了解,但是沒有在這裡將分派的意見侷限於誰優孰劣。故吳震在《聶豹、羅洪先評傳》中的評論相當中肯:

> 從中可以看出,「歸寂」說與「知覺」說,兩者格格不入,猶如水火
> 不相容。反過來也可以說,雙江之所以強調「歸寂」,正是針對「知
> 覺」說而發。雙江以為,在當時的思想界大為流行「知覺」之說,
> 這是值得警惕的思想現象,雙江甚至斷言「今人以知覺為良知者,
> 真是以學術殺天下。」〔註23〕

聶雙江提出「歸寂說」,除了是凝聚其畢生的思想外,亦是要替陽明學說注入一番新的氣象。雙江認為「知覺派」在已發上用工夫,且忘記良知之培養,末流將會束書不觀,徒講心性之學,歷史上亦印證了雙江的預言。是以聶雙江言:「今人以知覺為良知者,真是以學術殺天下。」〔註24〕實為洞察之言。

聶雙江「歸寂說」的思想起源,由此二處我們就可以得知,一為其本身思想的傾向,另外則是聶雙江欲以此說與知覺派的說法做出區隔,讓陽明學說不走入一言堂的死巷,這就是聶雙江建構「歸寂說」的思想根源處。

第二節 「歸寂說」的基本架構

承第一節所言,聶雙江雖然敬重王陽明,並在其身後拜入門下為弟子,但實際上我們由其生平看來,聶雙江之學其實在與王陽明會面之前,就已有一番

〔註22〕《雙江文集‧贈王學正之宿遷序》卷四,頁306左上右下。
〔註23〕吳震:《聶豹、羅洪先評傳》(南京:南京大學出版社,2001年),頁77。
〔註24〕《雙江文集‧答董明建》卷十一,頁506右上。

氣象〔註25〕，因此與陽明會面後，轉而研究良知學說，對聶雙江來說只是研究重點的轉移，而非本身思想的重新再建構，聶雙江在與王陽明書信往來討論的議題，就呈現了這種現象，提出了與陽明思想有所差異的「歸寂說」，並非全然是意料之外。所以在討論「歸寂說」的理論時，就會產生兩種不同的角度，一則是從陽明學說出發，主軸是王陽明的思想脈絡，這時聶雙江的「歸寂說」就受到批判，但另外一路則是由雙江本身思想去理解陽明學，此時「歸寂說」則成了陽明良知學的一種詮釋，形成了陽明思想的異質發展。

一、陽明良知學的「再解釋」

　　聶雙江「歸寂說」的形成，翠微初悟是一個很關鍵的時期。這時雙江回到宋明儒學思想的原點：《大學》、《中庸》去鑽探，配合他對《易》學的領悟，與四十歲後對陽明良知學的研究，他了解到陽明的良知學是可以重新被思考的：

> 豹病廢山間，鑽研是書，歷有歲時，而於諸家之說，求諸心有未得，雖父師之言，不敢苟從。竊以孔門之學，一以貫之，孔之「一」，即堯舜相傳之「中」。……乃若必謂格致為求之於事物之間，則曾子之隨事精察，子貢之多學而識是也。夫子呼而告之，不已贅乎？〔註26〕

此後聶雙江開始闡明「虛無之旨」，而這正是對於陽明學說的一種「再解釋」〔註27〕。這種「再解釋」包含了兩點相當重要的議題：其一，良知本體；其二，引用程朱學說對陽明學的再解釋。

（一）對於良知本體的再解釋

　　「良知」是王陽明的學說中心，因此聶雙江既然欲對良知學有所闡釋，勢必以「良知」為其入手處。王陽明對於良知本體的討論，遍佈其所有著作之中，認為天地萬物皆受良知之統御，千古聖賢所傳承的，亦只良知而已，所以良知可謂遍及萬事萬物。

〔註25〕筆者按，第二章曾經提到當時提學御史蕭鳴鳳曾說：「雲間素稱文藪，君一網盡矣。」當時相當多的文人皆出於聶雙江門下，例如徐階即為其門下。可見雙江之學在當時已經有所成就與自己的思考，否則不會在擔任知縣時，還「日以講學」。

〔註26〕《雙江文集・大學古本臆說》卷三，頁281右上。

〔註27〕筆者按，「再解釋」一詞概念於羅蘭巴特（Roland Barthes）對於文學的批評觀點。然而筆者並非全然接受巴特的「結構」或「解構」的想法，因為巴特對文學的批評，實際是遊走於此二者之間，歷來許多文學史或哲學辭典歸類皆有所不同。藉由「再解釋」這個辭彙，正好可以用以解釋聶雙江「歸寂說」本於陽明良知學，卻又出於良知學的觀點。

　　雙江對於良知的再解釋，是建立在工夫論上，而陽明良知本體自然是王門後學所共同認可的第一義。雙江所強調者，乃教人下工夫，使性情回歸到本始狀態，才能夠回復「良知」。當然雙江對於「良知」做如此理解，自然有其用意所在。一般人總會受外物所干擾，受到干擾之後方能夠有善念或是惡念，此稱為「知覺」，當有「知覺」產生時，在聶雙江的觀念中，其實「良知」已經受到干擾，故雙江認為知覺到善惡時只做到了良知的第二義：

> 若資聞見之善惡，以為吾心之動懲，則已落在第二義。〔註28〕
>
> 所貴乎本體之知，吾之動吾不善也。動有不善而後知之，已落第二
> 義矣。〔註29〕

這第二義就是所謂的「已發」，「已發」之情雖然亦在良知的範疇之中，可是已非純然的良知了。王陽明所肯認良知，應當是動靜皆如，但雙江卻不以此為滿足，他認為要做到第一義，則是要回到意念還未萌發之前，即所謂「復性」的觀念：

> 聖學本自簡易，只求復性體。知善知惡，不知從性體上看？亦只隨
> 念頭轉？若從念頭看，何啻千里？今人任情為率性者類如此。〔註30〕

因此聶雙江講的「良知」，其轉折點就在此處，故其區分良知為「已發」與「未發」，「未發」者乃真良知之所在，理由就在這裡。王陽明也曾經談過非常相似的觀點，他說：

> 良知不由見聞而有，而見聞莫非良知之用。故良知不滯於見聞，而
> 亦不離於見聞。孔子云：「吾有知乎哉？無知也。」良知之外，別無
> 知矣。故「致良知」是學問大頭腦，是聖人教人第一義。今云專求
> 之見聞之末，則是失卻頭腦，而已落在第二義矣。〔註31〕

王陽明也認為「今云專求之見聞之末，則是失卻頭腦，而已落在第二義」，然而有一點卻有很大的不同，那就是「良知不滯於見聞，而亦不離於見聞」，他認為，只要人能夠把持「良知」這一點，之後不管是由「多見而識之」〔註32〕

〔註28〕《雙江文集・答戴伯常》卷十，頁438左上。
〔註29〕《明儒學案・雙江論學書》卷十七，頁374。
〔註30〕《雙江文集・答戴伯常》卷十，頁439左下～440右上。
〔註31〕《傳習錄詳註集評》，頁239。
〔註32〕《傳習錄詳註集評》：「崇一來書云：師云：『德性之良知，非由於聞見。若曰多聞擇其善者而從之，多見而識之』則是專求之見聞之末，而已落在第二義。」頁239。

以達良知，都是致良知的一種途徑，不過反過來說，不能夠把持良知而求見聞之識，雖然能辨善惡，卻也非第一義的良知了。

王陽明與聶雙江對於良知本體的解釋，對於追索良知卻落在第二義雖有異曲同工之妙，但是因為理解事物的角度不同，所以產生了回到第一義時，採取過程的差異。王陽明採取的角度是「擴而充之」，只要把持良知頭腦，事事物物皆為良知；雙江則是認為「良知」無善無惡，是一種澄明的境界，故人修身養性的作用，就是要回歸到這種澄明的狀態，是以用「復性」來理解良知，此即所以雙江特別強調「未發之中」的關鍵點。對於良知本體採取「復性」的解釋角度，正是聶雙江對於王陽明良知本體的「再解釋」。

（二）引入程朱學說對於陽明學的再解釋

聶雙江講良知學時，特別強調復性的重要，因此對於「已發」與「未發」區隔相當嚴謹，正要對「已發」與「未發」做出明顯區隔，是以聶雙江引用了程朱的觀點以佐其說：

> 寂然不動，感而遂通天下之故，夫子大傳本卦德之「止」而說以翼之。是以虛寂為感通之本。朱子曰：「寂然者，感之體；感通者，寂之用。」程子曰：「心一也，有指體而言者，寂然不動是也；有指用而言者，感而遂通是也。」〔註33〕

據此處言論而言，雙江引用朱子分別體用的言論，以為「寂然不動」者為「心」，「感而遂通」者為用。就此處論點而言，雙江以朱子的言論來支持己說，雖然看似有理，但這裡所引用的朱子言論，卻偏向於朱子「中和舊說」的體驗。朱子在「中和舊說」的體驗當中，對於其師李延平「終日危坐，以驗夫喜怒哀樂之前氣象為如何？而求所謂中者」〔註34〕未能全然理解，故有區分體用的觀點，試見：

> 蘇季明問：「喜怒哀樂未發之前求中，可否？」曰：「不可，既思於喜怒哀樂未發之前求之，又卻是思也，既思即是已發。才發便謂之和，不可謂之中也。」又問：「呂學士言，當求於喜怒哀樂未發之前，如何？」曰：「若言存養於喜怒哀樂未發之前則可，若言求中於喜怒哀樂未發之前，則不可。」又問：「學者於喜怒哀樂發時，固當勉強

〔註33〕《雙江文集・答鄒西渠》卷九，頁 432 右上。
〔註34〕黎靖德編：《朱子語類・羅氏門人》卷一百三（台北：文津出版社，1986 年），頁 2603。

裁抑，於未發之前，當如何用功？」曰：「於喜怒哀樂未發之前更怎
生求？只平日涵養便是。涵養久，則喜怒哀樂發自中節。」〔註35〕
由於朱子當時對於師說尚未能相應，因此對於求中之問，只教人「涵養」工夫，
以心為已發，性為未發。是以聶雙江引用了朱子「中和舊說」所論及觀點，建
構「歸寂說」的基礎架構。但朱子從「舊說」到「新說」的理論修正〔註36〕，
從這漫長的體會中，開展了心性情三分、理氣二分的義理架構〔註37〕，到了最
後，朱子其實認同了「動靜合一」、「體用同源」的觀點。不過聶雙江卻全然忽
視這條理路的思辨過程，以「中和舊說」為朱學定論，事實上對於朱子是不太
公平的。但是朱子在「舊說」中對於「未發」與「已發」的分辨，的確是涇渭
分明，故特重此二者分別的雙江，應用了這樣的觀點，建構了「歸寂說」的基
本架構：

> 良知本寂，感於物而後有知。知其發也，不可遂以知發為良知，而
> 忘其發之所自也。心主乎內，應於外，而後有外。外其影也，不可
> 以其外應者為心，而遂求心於外也。故學者求道，自其主乎內之寂
> 然者求之，使之寂而常定。〔註38〕

非常相似於朱子的說法，聶雙江將「已發」與「未發」明白分界，將「未發之
中」與「寂」字相連，要回復到「良知」的狀態，只有「歸寂」一途，這樣的
二分方式，與程朱學門的研究模式是相當類同的，只是程朱講的工夫是偏重於

〔註35〕《近思錄詳註集評》，頁288。
〔註36〕張麗珠：《中國哲學史三十講》：「他（朱子）雖然勉力實踐師門傳授，但他在
隔離的『靜』中求不到『中』，他誠實地承認不能相應……朱子反倒在日用之
『動』中體會了渾然的天命流行，因此他體悟出『雖汩於物欲流蕩之中，而良
心萌蘗，亦未嘗不因事而發見。學者於是致察而操存之，則庶乎可以貫乎大本
達道之全體而復其初矣。』……但不久之後，朱子即對此由『動察』入手的已
發未發渾然一致的心體，又產生了懷疑；他感到在『動』中求良知萌蘗，缺少
了一段內部涵養的工夫，他仍然覺得不能安頓自我……他發現他過去因程子
之言『凡言心者，皆指已發』，而常偏於『動』，只在日用流行心體中求察識；
此際他終於直契了程子『涵養須用敬，進學在致知』之『靜養動察，敬貫動靜』
義，體悟到自己每於『已發』中『動察』，實是『欠卻本領一段工夫』，實是未
能理解程子之『涵養用敬』義。」（台北：里仁書局，2007年），頁381。
〔註37〕蔡仁厚：《宋明理學·南宋篇》：伊川早有「仁是性，愛是情」之言，朱子承之，
乃將「仁體」亦支解為心性情三分、理氣二分（仁只是性、只是理，惻隱之心
與愛之情，則屬於氣），故曰「仁者，心之德、愛之理也」。（台北：學生書局，
1983年），頁221～222。
〔註38〕《明儒學案·雙江論學書》卷十七，頁374。

動察涵養，聶雙江走的卻是虛靜存養這一途。不過雙江雖然講究「歸寂」的工夫，不過最終還是要回到心學「心即理」範疇，在這樣的前提下，與程朱有絕對的劃分。

因此，就聶雙江以這兩點「再解釋」陽明的良知學，尤其以第一點的再解釋尤為重要，第一點的部份明白的區別出「良知」即「未發之中」，與「知覺」這種「已發」的概念是不同的，要「致良知」，則須「復性」的工夫，也就是讓「心」回到「未發」的狀態，才是聶雙江良知學最主要的關注議題。

二、「未發」與「已發」觀點的建構

上節已述及聶雙江認為為何要在「舍發而別求未發」〔註39〕，他的理由與思路相當的明確，「良知」作為王學的第一義，雙江以為「良知」就該是「寂然不動」者，由中和之說來看，便是「未發之中」。可是人自出生落地，六根便不清靜，是以易陷於各種念頭之中，而這些念頭有善有惡，即使從善而行事，還是一種情感的發動，故雙江在〈致知議辨〉云：

> 雙江子曰：「邵子云：『先天之學，心也；後天之學，跡也。』先天言其體，後天言其用，蓋以體用分先後，而初非以美惡分也。『良知是未發之中』，先師嘗有是言，若曰良知即是發而中節之和，詞涉迫促。寂，性之體，天地之根也，而曰非內，果在外乎？感，情用，形器之跡也，而曰非外，果在內乎？抑豈內外之間別有一片地界可安頓之乎？即寂而感存焉，即感而寂行焉。」〔註40〕

惟有跳脫這些「已發」的情感，讓後天之用回到先天之體，才能夠「致良知」，因此在「已發」別求「未發」，以「致良知」的一個理論，即聶雙江的「歸寂說」。

（一）「未發」的觀點

聶雙江以「未發之中」為良知，雖然在翠微山養病之時就已漸漸開始領悟，並慢慢的開始提倡「虛寂之旨」，然而使雙江有「頓悟」之感者，還是在六十

〔註39〕 王時槐：「舍發而別求未發，恐無是理。既曰戒懼曰慎，非發而何？子思亦未嘗於戒懼慎獨之外，別說一段未發工夫也。但今人將發字看得粗了，故以澄然無念時為未發，不知澄然無念正是發也。」出於《塘南王先生友慶堂合稿・答錢啟新邑侯八條》卷一（清華大學圖書館藏，清光緒三十三年重刻本收於《四庫全書存目叢書・集部一百一十四》，台北：莊嚴文化，1997 年），頁 171 右上。

〔註40〕 王畿著，岡田武彥、荒木見悟主編：《龍谿王先生全集・致知議辨》卷六（台北：廣文書局印行，1975 年），頁 449～450。

一歲遭逢牢獄之災的時候：

> 先生之學，獄中閒久靜極，忽見此心真體，光明瑩徹，萬物皆備。
> 乃喜曰：「此未發之中也，守是不失，天下之理皆從此出矣。」及出，
> 與來學立靜坐法，使之歸寂以通感，執體以應用。〔註41〕

心是人類行為的發動處，行為發動後，便會有各種概念加諸行為上，此刻的行
為，事實上已經脫離了心的掌握了。故此，雙江做了概念的切割：

> 知善知當為而為之，如好好色；知惡之當去而去之，如惡惡臭，此
> 是天然真意，故曰自慊。陽明先生云：「無善無惡者，心之體；有善
> 有惡者，意之發；知善知惡者，知之良；為善去惡者，物之格。」……
> 知，良知也，虛靈不昧，天命之性也。〔註42〕

這段文字是聶雙江引自王陽明四字教，以解釋「良知」乃「無善無惡」的本體。
雙江以為「心」乃「無善無惡」之體，「知善知惡」是心的自然運行法則，因
此心就是良知。孟子講四端乃「非由外鑠我也，我固有之也」〔註43〕，既然是
我固有之者，知善知惡當然是自然而然，而非先有善惡的概念，才知善知惡，
而且純就良知而言，本就為「至善」者，而沒有惡存在，因此「知善知惡」的
問題根本不存在也不成立於良知之中，故此雙江主張：

> 良知本寂，感於物而後有知。知其發也，不可遂以知發為良知，而
> 忘其發之所自也。心主乎內，應於外，而後有外。〔註44〕
> 體得未發氣象，便是識取本來面目。敬以持之，常存而不失，到此
> 地位，一些子習氣意見著不得，胸次灑然，可以概見，又何待遇事
> 窮理而後然耶？即反覆推究，亦只推究乎此心之存否。〔註45〕

因此雙江把「心、良知、虛寂、未發」這四者視為一物，指的都是良知本體，
故「歸寂說」所要「歸」者，就是回到「未發之中」，回到還沒有發念的純淨
的「心」。

（二）「已發」的觀點

「良知」一詞在王陽明的觀念之中，始終離不開一個「致」字，因此只要

〔註41〕《明儒學案‧貞襄聶雙江先生豹》卷十七，頁372。
〔註42〕《雙江文集‧答戴伯常》卷十，頁439右下左下。
〔註43〕朱熹集註，蔣伯潛廣解：《四書廣解‧孟子》（臺北：啟明書局，無著錄出版年
　　　　代），頁265。
〔註44〕《明儒學案‧雙江論學書》卷十七，頁374。
〔註45〕《明儒學案‧雙江論學書》卷十七，頁375。

是順著良知而產生的動作，便是良知的「擴充」，也納在良知的環節裡面，因此陽明在回答聶雙江〈啟陽明先生〉一書中提到「由孝弟事親從長之間，以求良知之學可否？」的問題時，做出如此的回答：

> 蓋良知只是一個天理自然明覺發見處，只是一個真誠惻怛便是他本體。故致此良知之真誠惻怛以事親，便是孝；致此良知真誠惻怛以從兄，便是弟；致此良知之真誠惻怛以事君，便是忠。只是一個良知，一個真誠惻怛。〔註46〕

他重複的強調「良知只是一個天理自然明覺發見處」、「只是一個良知，一個真誠惻怛」。不過回到聶雙江原始的問題上時，雙江早已預設好立場了，雙江所說「近來求之於事親從長之間，便覺有所持循」〔註47〕，如何求取良知，依雙江當時所言，即可求之於事親從長之間，這時候就會覺得有所依循，但是這樣卻非陽明所說「擴充」之義，而是走向了「復性」這條工夫論的路子。陽明所言「良知」是「天理自然明覺發見」，自然而然的，良知發動後事親者即孝，而不是反過來從孝來返回「良知」。

聶雙江不是不知道這層道理，他講良知經常引用陽明所言「良知即是未發之中，即是廓然大公，寂然不動之本體」〔註48〕，這一條引言，是經過王門弟子共同認可的。只是雙江更強調的「良知」的純善境界，因為他認為已經發動了的知覺，雖然有善惡的分別，可是此而言，他認為這種已發動的知覺本身並沒有衡量的標準，只是一種外顯的情而已：

> 感，情之用，形器之跡也。而曰非外，果在內乎？〔註49〕

因此聶雙江才把「良知」設為「未發」，認為良知的追尋應當是一種收攝本心的工夫。而羅念菴在〈困辯錄序〉中把這樣的觀念解釋的更好：

> 夫至動莫如心，聖人猶且危之，苟無所主，隨感而發，譬之御馬，銜勒去手，求斯須馳驟之中度，豈可得哉？〔註50〕

由於這個原因，《中庸》所說的「發而皆中節，謂之和」，在雙江的觀點中，乃是因為《中庸》所講的「已發」，其出發點是由「未發」啟動，故「發而皆中

〔註46〕　《傳習錄詳註集評》，頁270。

〔註47〕　《雙江文集·啟陽明先生書》卷八，頁386右下左下。

〔註48〕　《傳習錄詳註集評》，頁217。

〔註49〕　《雙江文集·答王龍溪》卷十一，頁477右下。

〔註50〕　羅洪先：《念菴文集·困辯錄序》卷十一（故宮博物院藏文淵閣景印本，台北：商務印書館，1974年），頁80。

節」。是以雙江以為「已發」的中節乃是「未發」之持有與否的一種驗證，所以在「已發」中，並沒有「良知」的存在，而是要到「已發之前」去尋找。因此聶雙江的「歸寂說」可以說是一個從「已發」去尋找「未發」的過程。

從此節來看，「歸寂說」的建構，說是建立在王陽明良知學的架構上，不如說是建立在聶雙江所累積的知識的基礎，雙江以自己的知識背景「再解釋」了陽明的良知學，特別強調了「未發」的「本體」意涵，順其理路而進，便是一條「復性」的進程。將「未發」別於「已發」之外的架構，更是導出了陽明後學思想激盪的火花，王門諸子彼此問難，表面上雖然看似造成王學分化，但實際上則是堅固了王學各種思想面向的發展，這點上，聶雙江架構「歸寂說」的功勞可謂不小。

第三節 「歸寂說」的理論開展

就《明儒學案》言，將王門後學分為三派：浙中、泰州、江右，以學者所處地理位置分別為主，因此出身同地域的學者理論並不一定會相同，雖說如此，此三派大致上其說良知還是有不同處。就對王陽明良知學理解差異分派者，可依日人岡田武彥在其《王陽明與明末儒學》中，將陽明後學列為三派：現成派、歸寂派、修證派，這可以很明顯的看見王學後學雖皆根於陽明學，但對於良知學理論的解釋與研究卻出現了差異之處，因此後人分別王門後學為此三派。然而不管是從《明儒學案》的分派來看，或者是岡田氏的分別來談，聶雙江所處的派別「江右派」、「歸寂派」，持論皆明顯的與其他兩派差異甚大，因此總地來說，可以將陽明後學簡而分為兩派：「知覺派」與「虛寂派」。〔註51〕

〔註51〕筆者按，此二派之分法乃照聶雙江之言，其在〈贈王學正之宿遷序〉中談到：「今之講良知之學者，其說有二。一曰：『良知者，知覺而已，除卻知覺別無良知。學者因其知之所及而致之，則知致矣，是謂無寂感、無內外，而渾然一體者也。』一曰：『良知者，虛靈之寂體，感於物而後有知，知其發也。致知者惟歸寂以通感，執體以應用，是謂知遠之近，知風之自，知微之顯，而知無不良也。』」再者，何以謂雙江所處的分派理論明顯與其他兩派有所不同，見王龍溪言：「只存得此心常見在，便是學。過去未來事，思之何益？徒放心耳。」（《傳習錄詳註集評》，頁106）。又曰：「良知無前後。只知得見在的幾，便是一了百了。」（《傳習錄詳註集評》，頁336）。此即王龍溪言良知，為「現成」，為「知覺」。又歐陽南野說：「知之本體，本自文理密察，本自端莊中正，本自發強剛毅。警覺戒懼者，密察莊毅之本心也。此心晝夜不舍，至於終月，三月無終食而不於是，則良知常致，而意必無由萌，欲無由縱。如是而曰：『欲

這樣的分派情況，可以說是從聶雙江「歸寂說」出而始分，這種分化不是一種不好的分化，依黃宗羲言：「然龍溪之後，力量無過於龍溪者，又得江右為之救，故不至於十分決裂。」〔註52〕此言雖可能太過於稱讚江右學派，可是卻點出了「歸寂說」出後，王學內部對話的盛況。可見「歸寂說」的出現，並非單單只是王學的異論而已。

　　「歸寂說」在王學諸子之間產生了巨大的論辯，其原因就是聶雙江將「已發」與「未發」兩者明顯的區別開來。雙江講「歸寂說」時最喜引用王陽明此段說法：

　　　　良知即是未發之中，即是廓然大公，寂然不動之體。〔註53〕

王門諸子對於「良知即是未發之中」皆無異議，聶雙江則更為強調，他認為「未發之中是堯舜相傳以來學問一個大原頭」〔註54〕，然而這已與陽明所言產生歧異，陽明在「良知即是未發之中」此段文字後，尚有引申：

　　　　人人之所同具者也。但不能不昏蔽於物欲，故須學已去其昏蔽；然於良知之本體，初不能有加損於分毫也。知無不良，而中、寂、大公之體未能全者，是昏蔽之未盡去，而存之未純耳。體即良知之體，用即良知之用，寧復有超然於體用之外者乎？〔註55〕

這裡要注意者是陽明所言的最後一點，他說良知「寧復有超然於體用之外者乎」，良知雖有體用，可是良知並不超然於體用之外，因此離開良知之後，也不復有體用存在。所以就王陽明對良知的說法，體與用皆屬良知本體，並非單單只是首句「良知即是未發之中」這樣單純。聶雙江則欲將體用分離，故特別

本無根，當下即是。』」（《歐陽南野文集・答郭平川》卷三，頁415右上）此乃歐陽南野論須藉「修證」以成「良知常致」的論點。此二人前者歸為「現成派」，後者歸為「修證派」，然而他們講良知無論是「現成」還是「修證」，基本上都是存在於「知覺」當中；而聶雙江講良知則是在「虛寂」之中，可感受的「知覺」並非良知，因此此三派就其思想成份而言，可以視為「知覺」與「虛寂」兩派的辯論。至於《明儒學案》的分派，其例外者較多，例如錢緒山雖為「浙中派」，但理論多半被視為「修證派」；歐陽南野則是「江右派」與聶雙江同，然其理論卻也屬「修證派」；「泰州派」的王心齋則屬「現成派」。當然一般而言，「江右派」則是以聶雙江、羅念菴為代表，故「江右派」的理論性質也與其他兩派的差距較大。

〔註52〕《明儒學案・泰州學案一》卷三十二，頁703。
〔註53〕《傳習錄詳註集評》，頁217。
〔註54〕《雙江文集・答王龍溪》，卷十一，頁497右下。
〔註55〕《傳習錄詳註集評》，頁217～218。

強調「良知乃未發之中」，後面的體用之說，雙江則是輕輕帶過，他說：

> 若在意上做誠的工夫，此便落在意見。不如只在良知上做誠的工夫，
> 則天理流行，自有動以天的機括，故知至則意無不誠也。〔註56〕

在此處的「意」指的即是良知之「用」。聶雙江沒有否認王陽明良知不超然於體用之上的說法，但卻也沒有同意，故他只說「在良知上做誠的工夫」，何謂「在良知上做誠的工夫」，即指「歸寂說」。

聶雙江的「歸寂說」，其主旨可歸納為「歸寂為宗，功夫在致中，而和應之」〔註57〕，由此產生的論點將在此節說明之。

一、「歸寂說」的構成圖像

王陽明特別強調良知的體與用，皆為良知本體，不過聶雙江卻認為此二者不拆分明白的話，以如此概念「致良知」就會「牽己逐物」，不知所從，故曰：

> 心之虛靈知覺，均之為良知也。然虛靈言其體，知覺言其用。體用
> 一原，體立而用自生。致知之功，亦惟立體以達其用。而乃以知覺
> 為良知而致之，牽己以從，逐物而轉，雖極高手，只成得一個野狐
> 外道，可痛也。〔註58〕

聶雙江承認良知原是「體用一原」，與王陽明類同，不過在陽明的思想當中，良知不能夠脫離「知覺」而存在〔註59〕，良知即使分為「體用」，二者也必須要同時成立，才能夠稱為「良知」。不過聶雙江雖講「體用一原」，但是「歸寂說」的主要論述卻是「體用一原，體立而用自生。致知之功，亦惟立體以達其用」，將「良知」的「體用」分開來談，認為心之本體是所謂的「虛靈」，唯有將心之本體確立之後，良知的「用」有能夠有正確的發展方向，「良知」才能夠得「致」。

〔註56〕《雙江文集・答戴伯常》卷十，頁 456 右下。

〔註57〕《明儒學案・文莊歐陽南野先生德》卷十七，頁 361。

〔註58〕《雙江文集・答松江吳節推》卷八，頁 414 左下～415 右上。

〔註59〕吳震：《聶豹、羅洪先評傳》：「陽明又說：『知是心之本體。心自然會知，見父自然知孝，見兄自然知弟，見孺子入井，自然知惻隱。此便是良知。』『良知無有不自知者。』這裡的『知』，便是倫理學意義上的『知覺』，亦可稱之為『道德知覺』。可見，陽明的『良知』概念並不只具『虛靈』特徵（抽象的道德本體），同時必須具有『知覺』功能。……就這一點，龍溪的說明簡要明了：『良知非知覺之謂，然舍知覺無良知。』也就是說，知覺固然不能用來定義良知，但是知覺也不能脫離良知而存在。」（南京：南京大學出版社，2001 年），頁 83。

　　既然聶雙江明白的分別了良知的「體用」，把「虛靈」與「知覺」區分，也就是把「良知之體」的「虛靈」擺在其思想的第一義，是以他說「良知者，虛靈之寂體」〔註60〕，「寂」字成為了聶雙江認為的陽明思想第一義：

　　　　承不鄙謬，有取於「寂體」之說，謂是為師門第一義。竊謂「虛寂」
　　　　乃《大易》提出感應之體以示人，使學者之所從事。蓋堯舜相傳以
　　　　來，只有此義。即此義而精之，則天下之用備於我矣，尚何以思慮
　　　　為哉？〔註61〕

此「寂體」之詞，是聶雙江取自於王陽明「良知是未發之中，寂然大公的本體」，而屬同一層次的概念還有「未發」、「虛」、「中」等，這些詞彙時常出現在聶雙江的文章或書信當中〔註62〕。以如此方式理解良知本體，實際上也還在王陽明的良知學範疇內，並非全然的違背師說，因此在這部份受到同門師兄弟的批評實際上是比較少的，而是聶雙江的思想進入到工夫論後，強調「寂感分離」，才有激烈的問難。至此，聶雙江「歸寂說」思想的主要構成圖像，就從「寂」為第一義開始發展，只要在掌握「寂感」的發展下，「良知」自然有其所從，此為由內向外發展的正常方向。

　　然而，聶雙江卻認為許多時候人是忽略掉這個方向的，王龍溪曾說：「良知者，無所思為，自然之明覺，即寂而感行焉，寂非內也；即感而寂存焉，感非外也。」就是「寂感一體」，認為良知的理解應當是不分內外寂感的。故聶雙江辯曰：

　　　　寂，性之體，天地之根也，而曰非內，果在外乎？感，情用，形器
　　　　之跡也，而曰非外，果在內乎？抑豈內外之間別有一片地界可安頓
　　　　之乎？即寂而感存焉，即感而寂行焉，以此論見成，似也，若為學
　　　　者立法，恐當更下一轉語。〔註63〕

因此「歸寂說」有一部份，就是要將以為「寂感一體」的人，或是不知「良知」以何為「致」者，由外向內使其「歸寂」後，才能夠講「已發」、「知覺」等等。

〔註60〕　《雙江文集‧贈王學正之宿遷序》卷四，頁306左上。
〔註61〕　《雙江文集‧寄王龍溪二》卷八，頁408左上右下。
〔註62〕　筆者按，其例甚多，此舉二例。《雙江文集‧答亢子益問學》卷八：「知者，心之體，虛靈不昧，即明德也。致者，充滿其虛靈之本體，江漢濯之，秋陽暴之。致知即致中也，寂然不動，先天而天弗違者也。」頁401左上。同書卷八，〈答唐荊川〉第二書：「虛也，寂也，未發之表德也。」頁412左下。
〔註63〕　王畿著，岡田武彥、荒木見悟主編：《龍谿王先生全集‧致知議辨》卷六（台北：廣文書局印行，1975年），頁450。

故雙江「歸寂說」最主要的構成圖像，就是將「寂」立為思想的第一義。

以「寂」為第一義後，直接影響到的就是良知學中的「體用合一」之說。根據「四句教」所言，王陽明認為，本心在未應事接物時，是純粹的無具體內容規定的道德意識，而在應事接物時，本心便呈現為知是知非的良知。〔註64〕因此聶雙江「歸寂說」以「寂體」為良知本體，實際上還在王陽明對良知解釋的範疇當中，只是由良知轉為「知善知惡」這個過程中，王陽明強調的是一種「本體」轉化，這種「知善知惡」還是在良知本體的涵括當中，但聶雙江就不這麼認為。聶雙江以為從良知本體這種「未發」的狀態，一但發動之後，就不再屬於「第一義」的範圍，因為「知善知惡」在其認定，是已落於「已發」的概念：

> 先天之學即養於未發之豫，豫則命由我立，道由我出，萬物皆備於我，故曰：「先天而天弗違」。感於物而動其中，動而七情出焉。乘天時行，人力不得而與，與則助，助則去天遠矣，故曰：「後天而奉天時」。邵子曰：「先天之學心也，後天之學跡也。」先天言其體，後天言其用，蓋以體用分先後，而初非以美惡分也。……「未應不是先，已應不是後」程子蓋為心體言也。然於學問之功則未之及。〔註65〕

從上述引文，雙江談到「先天而天弗違，後天而奉天時」，可見雙江認為在「已發」（本體）與「未發」（知覺發動）是有其先後次序的關係的，故言「以體用分先後」。而後雙江引程子之語，是在說明就良知本體的狀態而論，當然是沒有先後次序分別，只是在工夫論上，就須區別二者，將體用分別出來，其先者為體，後者為用。

雙江歸寂說：「歸寂以通天下之感，致虛以立天下之有，主靜以該天下之動。」〔註66〕可看出其工夫的體用關係，即「寂感二時」、「體用二界」，簡單來講就是歸寂說在「體用」上，分別了「先後」與「動靜」，而這部份正是其他王門諸子與聶雙江產生爭辯的最大癥結點。而王陽明論「良知」與聶雙江「歸寂說」，對「良知體用」的解釋多有出入之處，故聶雙江在這之後，利用了許多外於陽明的思想來補足他的說法。

〔註64〕筆者按，此乃就「四句教」而直論，採鄧名瑛於〈明代心學本體論與明代學風〉語，此文出於《求索》（湖南省社會科學院，2004年第2期），頁100。

〔註65〕《雙江文集·答王龍溪一》卷十一，頁477左上右下。

〔註66〕《雙江文集·答東廓鄒司成一》卷八，頁405右上。

二、「歸寂說」引用的外援思想

　　聶雙江歸寂說的體用之說，分「先後」、「動靜」二方面，事實上我們可以將其看為一組概念，因為雙江的良知本體即「寂」、「未發」，在體用上則是「先天之體」，而且既然是「寂」，故本則為「靜」；當然「後天之用」則是「已發」，「已發」的知覺，自然是「動」的範疇。故「先後動靜」則一體而論。但聶雙江在陽明學說找不到支援自己歸寂說的思想，因此往外尋求支援。他的思想中常可以見周、程、朱等人說法，而近世則可見陳白沙的主靜之思。

（一）陳白沙主靜之說

　　由於聶雙江歸寂說出於王陽明的良知學，因此聶雙江在其學說上，向外引用了其他學者說法，首先他注意到的是當世與王陽明平分天下學術的湛甘泉之師：陳白沙，聶雙江說：

　　　　周程以後，白沙得其精，陽明得其大。〔註67〕

其因就是白沙的「主靜思想」〔註68〕與歸寂說相當妥貼，白沙以為以靜坐為工夫，「久之，然後見吾此心之體」，幾乎是歸寂說的理論重心，故聶雙江對白沙之言，一見傾心。即王龍溪亦以「我朝理學，開端是白沙，至先師而大明。」極稱白沙，當然這與聶雙江所稱或許是兩個角度〔註69〕，不過白沙思想還是受到相當的重視，黃宗羲贊同王聶二人語，在《明儒學案》中也可見

〔註67〕《雙江文集·留別殿學少湖徐公序》卷四，頁308右下。

〔註68〕筆者按，陳白沙主靜言論可見以下兩段引文：「年二十七，始發憤從吳聘君學，其於古聖賢垂訓之書，蓋無所不講，然未知入處。比歸白沙，杜門不出，專求所以用力之方，既無師友指引，日靠書冊尋之，忘寐忘食，如是者累年，而卒未有得。所謂未得，謂吾此心與此理未有湊泊吻合處也。於是舍彼之繁，求吾之約，惟在靜坐。久之，然後見吾此心之體，隱然呈露，常若有物，日用間種種應酬，隨吾所欲，如馬之御銜勒也；體認物理，稽諸聖訓，各有頭緒來歷，如水之有源委也。於是渙然自信，曰：『作聖之功，其在茲乎！』有學於僕者，輒教之靜坐。蓋以吾所經歷粗有實效者告之，非務為高虛以誤人也。」見陳獻章：《白沙子全集·復趙提學僉憲》卷三（台北：河洛圖書出版社，1974年），頁420～421。又：「為學須從靜坐中養出個端倪來，方有商量處。」陳獻章：《白沙子全集·與賀克恭黃門》卷三，頁400。可見陳白沙的思想是以靜為主，尤其強調「靜坐」的工夫，透過靜坐，才可見本心之體。

〔註69〕筆者按，初期明學實際上還是脫不開宋人思惟，走的多半還是程朱那套路子，直到陳白沙才開始擺脫純然道學的思考，轉向心學，故龍溪有此讚揚之語。而聶雙江除此理由之外，尚有援用陳白沙的「主靜」思想，故筆者稱此為「兩個角度」。

類似的贊語。〔註 70〕

　　由於白沙之學「全在涵養」，因此以靜坐教人並不使人意外，然陳白沙的「主靜」思想也並非受到全面的肯定，甚至連其高弟湛甘泉亦不守「主靜」思想，以其為「禪」之說。〔註 71〕但聶雙江的「歸寂說」，就其根本而言，也是一種如同白沙思想的「涵養」工夫論，故雙江藉白沙之口而倡歸寂之論，特重白沙「主靜」之論，並急切的想要證實這種「主靜」思想的正統性，故有言：

> 體認未發氣象分明，則發時走作便自有轉頭處。人得天地之中以生，中是心之本體。故識得本來面目，不為動處所擾。佛經所謂：「信手拈來，頭頭是道。」白沙云：「物物信他本來，何用爾手勞腳攘？」以高明之資，又能隨時隨處，反身而觀，不患不入定靜閫奧。此事堯舜相傳以來正法眼藏。〔註 72〕

> 某不自度，妄意此學四十餘年，一本先師之教，而紬繹之，《節要錄》備之矣。已乃參之《易傳》、《學》、《庸》，參之周、程、延平、晦翁、白沙之學，若有獲于我心，遂信而不疑。〔註 73〕

聶雙江所認為的「靜」或者是「虛寂」應當只是一種哲學的辭彙，而不該提到「靜」、「虛寂」，甚至是「靜坐」的方法，就將此類思想歸於佛家之說。所以這條道路正好提供了聶雙江思考的解答出口，從陳白沙「主靜」之思一路上推，周、程、延平、朱子，皆有對於「靜」的解釋，甚至可以上溯堯舜。

（二）周、程、延平、晦庵之說

　　由於歸寂說對於「靜」的思路特別重視，近世聶雙江推重陳白沙的思想，更把這種說法視為一種道統論，因此上繫至堯舜，並以《易傳》、《學》、

〔註 70〕《明儒學案・白沙學案上》卷五：「有明之學，至白沙始入精微。其喫緊工夫，全在涵養。喜怒未發而非空，萬感交集而不動，至陽明而後大。」頁 78。

〔註 71〕湛若水《湛甘泉先生文集・答余督學》卷七：「古之論學，未有以靜為言者。以靜為言者，皆禪也。故孔門之教，皆欲事上求仁，動時著力，何者？靜不可以致力，纔致力即已非靜，故《論語》曰：『執事敬。』《易》曰：『敬以直內，易以方外。』《中庸》戒慎恐懼、慎獨，皆動在致其力之方也。……故善學者，必令動靜一於敬，敬立而動靜混矣，此合內外之道也。」（山西大學圖書館藏，清康熙二十年黃楷刻本，收於《四庫全書存目叢書・集部五十六》，台北：莊嚴文化，1997 年）

〔註 72〕《雙江文集・答戴伯常》卷十，頁 443 左下。

〔註 73〕《雙江文集・答陳永明》卷十一，頁 486 右上。

《庸》皆有提及「主靜」思想，串連至宋儒。北宋諸儒間，聶雙江首推周濂溪「無欲故靜」之說，對此他曾表示：

> 夫學雖靜也，靜非對動而言者。「無欲故靜」四字，乃濂溪所自著。
> 無欲然後能寂然不動，寂然不動，天地之心也。只此便是喜怒哀樂
> 未發氣象。〔註74〕

可見雙江對於「靜」字的追溯直至周濂溪。聶雙江還引用了周濂溪講「誠與幾」來佐證其「虛寂乃良知之本體」的說法，周濂溪講：

> 寂然不動者，誠也；感而遂通者，神也；動而未形有無之間者，幾
> 也。〔註75〕

> 邪動，辱也；甚焉，害也。故君子慎動。〔註76〕

關於周濂溪「誠與幾」的問題，朱子在《周濂溪集》中的註語點出了其關鍵所在：「幾者，動之微；善惡所由分也。蓋動於人心之微，則天理固當發現，而人欲亦已萌乎期間矣。」〔註77〕在此論之中「人心之微」乃關鍵處，「心」者即「誠」也，就「心」的本然之理而言，就該是「寂然不動」是「靜」的，當有「善惡」概念時，就稱為「幾」，也就是「心動」的狀態。是以濂溪認為，只要在「幾」上下工夫，就可以回到「誠」的境界。此點與聶雙江講「寂體」乃良知之本體，即是喜怒哀樂未發氣象，是一樣的道理，「歸寂」是實踐良知的一種必要工夫也和濂溪「幾善惡」的道理是相通的，因此聶雙江認為他的「歸寂說」是繫著這條道統而來。

其後，聶雙江以道南一脈來繫屬宋代理學：

> 昔龜山楊子，受學於明道先生，歸而送之，有吾道南矣之嘆。龜山傳
> 而為豫章羅子。再傳而為延平李子，又再傳而為考亭朱子。朱子晚年
> 之學，與早年迥異。至悟其失而嘆曰：「李先生門下，教人每令於靜
> 中以體夫喜怒哀樂未發之中。使此氣象常存不失，則自此而發者，自
> 然中節，此是日用本領工夫。當時竊好詞章訓詁之習，蹉跎韋負，念

〔註74〕《雙江文集・答亢子益問學》卷八，頁400左下。

〔註75〕周敦頤：《周濂溪集・通書・聖第四》卷五（據正誼堂全書本排印，收於《叢書集成簡編》第557、558冊，台北：台灣商務印書館，1966年），頁87。

〔註76〕周敦頤：《周濂溪集・通書・慎動第五》卷五（據正誼堂全書本排印，收於《叢書集成簡編》第557、558冊，台北：台灣商務印書館，1966年），頁89。

〔註77〕周敦頤：《周濂溪集・通書・誠幾德第三・朱子註語》卷五（據正誼堂全書本排印，收於《叢書集成簡編》第557、558冊，台北：台灣商務印書館，1966年），頁81。

支流汗浹背。」噫！道南一脈之微，至是而發之近矣。〔註78〕

聶雙江對於程明道以至於朱子，是從道南一脈的學觀進行理解，因為此脈觀點即是「於靜中以體夫喜怒哀樂未發之中」〔註79〕，與雙江「歸寂說」所強調的回歸良知之體，良知乃「未發之中」的觀點相符。這個部份雖然無視於朱子後來提出的「中和新說」〔註80〕，但從這一條理路下來，從明道以至於朱子，對於「未發之中」的重視程度，以及從「靜」的角度來體驗「未發之中」，都是具有相當的份量〔註81〕，因此聶雙江才會從這些外於陽明學說的思想上，汲取其「歸寂說」所需要的理論依據。

據以上二點，雙江歸納「主靜」思想於己說，他在〈辯中〉裡說到：

> 人生而靜，天之性也。至靜無感，性之淵源也。感於物而動，性之欲也。動則善惡分，萬事出矣。聖人定之以仁義中正，而主靜立人極焉。仁義中正亦自其發者言之，無欲故靜，發而未發也。無欲便是不睹聞。通書首篇是學問原頭。……所謂定者，動亦定，靜亦定，無將迎，無內外。與其是內而非外，不若內外之兩忘也，兩忘則澄然無事矣。無事則定，定則明，明則尚何應物之為累哉。〔註82〕

雙江講「通書首篇是學問原頭」，即明白指出其思想的源流是來自於周濂溪以

〔註78〕《雙江文集・重修養正書院記》卷五，頁326左下～327右上。

〔註79〕筆者按，雙江曾在《雙江文集・答唐荊川》直指道南一脈之學觀：「龜山為程門高弟，而其所傳，不過令人於靜中以體夫喜怒哀樂未發之中。此是頂門上一針，往聖之絕學也。」（頁412左上右下）其之所指，就是把這條學脈繫至濂溪以來的道統下，開雙江自己「歸寂說」的先聲。

〔註80〕林月惠：《良知學的轉折──聶雙江與羅念菴思想之研究》：「朱子自中和新說後，其論工夫則是『涵養須用靜，進學則在致知』，與李延平未發之中的工夫不同。但是雙江無視於朱子中和舊說與新說的差異，更將中和舊說，早年之論，視為晚年定論，並屢屢援引之。」（台北：臺大出版中心，2005年），頁196。

〔註81〕筆者按，朱子曾言：「心於未遇事時須是靜，及至臨事方用，便有氣力。如當靜時不靜，思慮散亂，及至臨事，已先倦了。伊川解『靜專』處云：『不專一則不能直遂。』閑時須是收斂定，做得事便有精神。」又：「心要精一。方靜時，須湛然在此，不得困頓，如鏡樣明，遇事時方好。心要收拾得緊。如顏子『請事斯語』，便直下承當。及『犯而不校』，卻別。」在此朱子講「未遇事時須是靜」，即平時養靜之功，即伊川「涵養須用敬」之意，故「及至臨事方用，便有氣力」，雖未明講所謂「未發之中」，但是「靜」則可體「未發之中」，發而自然中節，故臨事則有力。此二語見朱熹著，黎靖德編：《朱子語類・學六》卷十二（台北：文津出版社，1986年），頁218～219。

〔註82〕《困辯錄・辯中》卷一，頁418左下～419右上。

來的「主靜」思想，因此他講「歸寂說」，入門便得要人「靜坐」也是由這些外援思想體得，這正是他建構「歸寂說」非常重要的一條思想的歷史脈絡，幫助他完成建立「歸寂說」實踐工夫的次第架構。

三、「歸寂說」在「致知」問題的解釋與辯論

聶雙江的「歸寂說」即是把良知的體用分別，分為「未發」、「已發」，認為知善知惡得良知，僅只是「已發的良知」，非真「致良知」，尚須透過「致虛守寂」的工夫，方能歸回「未發之寂體」，才是「真良知」。持此「寂體」以發，無不發而中節，即以「未發寂體」來主治「已發良知」。據此，雙江以為「致知」，乃「致虛歸寂以致那寂體之良知以主宰也」〔註83〕，是以有下言：

> 致知之功，要在於意欲之不動，非以周乎物而不過之為致也。「鏡懸於此，而物自照，則所照者廣；若執鏡隨物以鑒其形，所照幾何！」延平此喻，未為無見。致知如磨鏡，格物如鏡之照，謂格物無工夫者，以此。〔註84〕

這樣的說法，已經脫離了陽明思想的理路，貼近於楊龜山、程伊川以至於朱子的說法。然前節有述及因為聶雙江需要的是「良知」即「寂體」的支持理論，所以由陽明之外的思想得到了許多的啟發，因此聶雙江的歸寂說在實質上漸離陽明思路，則不可免。因此在聶雙江的歸寂說在「致知」的這個議題上，就有許多需要討論的空間。陽明的高弟王龍溪，當然也注意到聶雙江對於「致知」的詮釋異於陽明之教，故與雙江有長篇幅的議論，輯為〈致知議辨〉〔註85〕。

（一）「歸寂說」分裂良知「體用」的問題

在「致知」的辯論，兩造的切入點自然是雙江切割了良知體用的問題，在王龍溪的〈致知議略〉中開宗明義就說：

> 夫良知之與知識差若毫釐，究實千里。同一知也，如是則為良，如是則為識，如是則為德性之知，如是則為聞見之知，不可以不早辨也。……良知即是未發之中，即是發而中節之和，此事千聖斬關第

〔註83〕牟宗三：《從陸象山到劉蕺山》（台北：學生書局，2000年），頁300。

〔註84〕王畿著，岡田武彥、荒木見悟主編：《龍谿王先生全集·致知議辨》卷六（台北：廣文書局印行，1975年），頁470。

〔註85〕筆者按，王龍溪原有〈致知議略〉一文，聶雙江對此有所疑義，故致書龍溪以問難（見《雙江文集·答王龍溪》卷十一，頁477～483），龍溪再答之。雙江之難與龍溪之答，即〈致知議辨〉（收於《龍谿王先生全集》卷六）。

一義,所謂無前後內外渾然一體者也。若良知之前別求未發,即是
二乘沈空之學;良知之外別求已發,即是世儒依識之學。或攝感以
歸寂,或緣寂以起感,受症雖若不同,其為未得良知之宗則一而
已。〔註86〕

王龍溪先釐清良知之知與知識之知的分別在何處,這才是陽明學中先天與後
天之學真正的分別。其後講良知乃未發之中與中節之和,此言正是陽明講「致
知在格物」的精義所在,故龍溪自己稱此為「千聖斬關第一義」,就是把持著
良之體用應該是一體兩面,不可切割的概念。而聶雙江強調「歸寂」,故云:

先天之學即養於未發之豫,豫則命由我立,道由我出,萬物皆備於
我。……邵子曰:「先天之學心也,後天之學跡也。」先天言其體,
後天言其用,蓋以體用分先後,而初非以美惡分也。〔註87〕

聶雙江亦開宗明義講「先天之學即養於未發之豫」,所以良知的先天後天非以
美惡分,而是以體用分別之。在一個理論的立基點就不一致的條件下,雙江對
於「致知」的說解勢必會與龍溪不同,「歸寂說」的主要構成圖像〔註88〕,即
是將良知的本體設定在「未發」,即單獨的「體」,「用」只成了把持了「體」
之後發生的結果。

若以陽明思想關照二人的說法,王龍溪的說解才是與陽明相應者,而聶雙
江認為眼前知善知惡的良知,是已發的良知,則與陽明「致良知」觀念不能相
合。但若是就聶雙江思路而言,分別良知體用則可以理解,因為陽明講的「致
知」是「推致良知」,而雙江講的「致知」則是「收攝本心」,因此不得不然也。

然而,聶雙江講的歸寂,除了一開始收攝本心的工夫外,追求的還是一個
本心發用的結果:

盡未發之中,天地之心,生民之命,萬世之太平,千聖之絕學。故
執中所以為天地立心,為生民立命,為萬世開太平,為往聖繼絕學。
聖人到位天地、育萬物,也只從未發之中上養來。〔註89〕

〔註86〕 王畿著,岡田武彥、荒木見悟主編:《龍谿王先生全集・致知議略》卷六(台
北:廣文書局印行,1975年),頁444~445。

〔註87〕 《雙江文集・答王龍溪》卷十一,頁477左上右下。

〔註88〕 筆者按,關於「歸寂說」的構成圖像問題,在本節的首論便有詳細分析,此不
贅述,請詳見本節第一點「『歸寂說』的構成圖像」。

〔註89〕 聶豹撰,羅洪先批註:《雙江先生困辯錄》(南京市博物館藏明刻本,收於《四
庫全書存目叢書・子部一百一十六》,台北:莊嚴文化,1997年),頁416右
上。以下引自此書者,不再重複記錄此書書名,僅載《困辯錄》與頁碼。

因此雙江在良之體用的問題上，並非拋棄「已發」，而是要確立「未發」的地位後，萬事才能立於一個最完善的基礎點，由此基礎點發展出來的事事物物才能夠符合良知的要求。

（二）「致知在格物」與「格物無工夫」之辨

上述提及，陽明講「致知在格物」，龍溪以為此乃「千聖斬關第一義」，這當然不是如程朱所言「欲致其知先格其物」〔註90〕，故龍溪以為：

> 即寂而感行焉，即感而寂存焉，正是合本體之工夫。無時不感，無時不歸於寂也。若以此為見成，而未見學問之功，又將何如其為用耶？寂非內，而感非外，蓋因世儒認寂為內，感為外，故言此以見「寂感無內外」之學，非故以寂為外，以感為內，而於內外之間，別有一片地界可安頓也。既云寂是性之體，性無內外之分，則寂無內外，可不辨而明矣。〔註91〕

龍溪再次強調致知與格物基本上是同時進行的，即體用合一，即寂感並存，是以「致知在格物」，在求「格物」的同時，「致知」就同時運行了，並非為了「格物」而要在此之外別求一「致知」，這裡只是將「致知格物」換成「寂感」一詞而已。

而聶雙江講「格物無工夫」是將「良知」比喻成一面明鏡，明鏡本明，只是惹了塵埃，故要明鏡照物，則要有「磨鏡」的工夫，這套工夫，也就是「歸寂」的工夫。待鏡體明了，自然而然能夠照物。因此只要將良知「致」〔註92〕了，「格物」的問題當然就不存在了，故曰：

> 前既以誠為良知之實體，實體便是主，物從事於所主，以充滿其本

〔註90〕朱子：〈格物致知補傳〉：「所謂致知在格物者，言欲致吾之知，在即物而窮其理也。蓋人心之靈，莫不有知；而天下之物，莫不有理。唯於理有未窮，故其知有不盡也。是以大學始教，必使學者即凡天下之物，莫不因其已知之理，而益窮之，以求至乎其極。至於用力之久，而一旦豁然貫通焉，則眾物之表裏精粗無不到，而吾心之全體大用無不明矣。此謂格物，此謂知之至也。」筆者按，此乃朱子參酌程頤的性理說將〈大學〉格物致知說做了一個補全。出於朱熹：《朱子全書（六）‧四書章句》（上海：上海古籍出版社，2002年），頁20。

〔註91〕王畿著，岡田武彥、荒木見悟主編：《龍谿王先生全集‧致知議辨》卷六（台北：廣文書局印行，1975年），頁453～454。

〔註92〕筆者按，這裡講的「致」並非陽明所言之「推致」，藉牟宗三《從陸象山到劉蕺山》語釋之：「雙江是以後返的歸寂為致，而陽明則是前進地擴充以為致。」（台北：學生書局，2000年），頁334。

> 然之量，亦是希聖正路。謂為「測度之過」，過矣。「把柄」、「端倪」，
> 白沙亦指實體之呈露者而言。必實體呈露，而後可以言「自然之良」，
> 而後有不學不慮之成。茲不求自然之良於實體之充，則所謂良者，
> 卒成一個野狐精，其與「自然之覺」，遠矣。〔註93〕

在此，聶雙江把「良知」認定為一個實體，因此透過「致知」而去充其量後，才能夠使得這個實體（良知）完全的展現。是以當這個「量」足了之後，良知自然呈露成知善知惡的「已發」，是以謂「格物無工夫」。

做這樣的解釋未免將「致良知」轉成形下的概念了，不過這段言語實是在反駁王龍溪在〈致知議略〉中批判雙江「測度之過」〔註94〕的語言。這段辯論實是一種語言遊戲，因為在龍溪的言論中，先將良知比為實體，故雙江正好就龍溪之比而應之。

是以著墨在這個實體的問題上時，兩者皆違了陽明本論。純就雙江「格物無工夫」理解，實是陽明「無善無惡心之體」的轉化思考，只是雙江特重其「歸寂」工夫，將「致良知」思考線性化，因而導出這樣的結果。

無論如何，雙江雖然在這個議題上脫離了陽明的思想範疇，甚至引用了程朱等人的觀點，但是他始終把持良知本體即為心之主體的觀點，故還是屬於王陽明心學一脈而無疑。他提出這樣的思考，實際上有個很重要的目的，那就是欲矯陽明後學之弊，從此點來看，「歸寂說」反倒成為王學內部思想自我思辨的催化劑。

〔註93〕《雙江文集·答王龍溪》卷十一，頁494左上。

〔註94〕王龍溪：〈致知議辨〉：「顏子德性之知與子貢之多學以億而中，學術同異，不得不辨。非因其有優劣而易視之也。先師良知之說倣于孟子。不學不慮乃天所為自然之良知也。惟其自然之良，不待學慮，故愛親敬兄，觸機而發，神感神應。惟其觸幾而發，神感神應，而後為不學不慮，自然之良也。自然之良即是愛敬之主，即是寂，即是虛，即是無聲無臭，天之所為也。若更於其中有物以主之，欲從事于所主以充滿某本然之量，而不學不慮為坐享其成，不幾於測度淵微之道乎？孟子曰：『凡有四端於我，知皆擴而充之。若火之始然，泉之始達，天機所感，人力弗得而與。』不聞於知之上，複求有物以為之主也。公平時篤信白沙子『靜中養出端倪』，與『把柄在手』之說，若舍了自然之良，別有所謂端倪把柄，非愚之所知也。吾人致知之學，不能入微，未免攙入意見，知識無以充其自然之良，則誠有所不免。若謂自然之良，未足以盡學，復求有物以主之，且謂『覺無未發，亦不可以寂言』，將使人並其自然之覺而疑之，是謂矯枉之過而復為偏，不可以不察也。」筆者按，此為龍溪批判雙江「測度之過」之原文。出於《龍谿王先生全集·致知議辨》卷六（台北：廣文書局印行，1975年），頁464～466。

此節將聶雙江理論展開，以照看「歸寂說」思想理路，下節則由「歸寂說」的實踐工夫論述之。

第四節　「歸寂說」的實踐工夫

聶雙江曾說：「學惟主靜，而自能該乎動也。」〔註95〕在雙江觀念中，因「未發」是良知本體，故主「歸寂說」，而歸寂在雙江的概念中，實與「主靜」無甚分別，因此雙江「歸寂說」其具體的實踐工夫，就是從一「靜」字下手。「靜」的最具體作為，不由分說，即「靜坐」也，因此雙江透過「靜坐」的方式，來推展「歸寂說」的實踐工夫。

一、「靜坐」以「歸寂」

在本章的第三節談到聶雙江「歸寂說」中，他從陳白沙的「主靜」思想中得到了思想上的啟發，故從理學發展的脈絡中追尋「主靜」一脈思想的源頭，從而追索至周濂溪處。周濂溪言

> 無極而太極。太極動而生陽；動極而靜，靜而生陰；靜極復動。一動一靜，互為其根。分陰分陽，兩儀立焉。……聖人定之以中正仁義，而主靜，立人極焉。〔註96〕

〈太極圖說〉本身充滿的道教思想不在這裡詳述，但是依據上述兩段引言，濂溪從道家「無」的概念切入，導至人事應「主靜」，形成工夫論，並影響了之後的理學發展，例如「程門立雪」〔註97〕即是一例，可見伊川平時就以「靜坐」為涵養工夫。楊龜山承此，故有此說：「學者當於喜怒哀樂未發之際，以心體之，則中之義自見。」〔註98〕其中的「喜怒哀樂未發之際」即「主靜」工夫。龜山這種體認「未發氣象」傳至李延平後，終成重要的為學方法，試見：

〔註95〕《雙江文集・答戎井居》卷九，頁425右下。
〔註96〕周敦頤：《周濂溪集・太極圖說》卷一（據正誼堂全書本排印，收於《叢書集成簡編》第557、558冊，台北：台灣商務印書館，1966年），頁2。
〔註97〕程顥、程頤：《二程集・河南程氏外書》卷十二：「游、楊初見伊川，伊川瞑目而坐，二子侍立。既覺，顧謂曰：『賢輩尚在此乎？且休矣！』及出，門外之雪深一尺。」（台北：里仁書局，1982年），頁429。
〔註98〕黃宗羲：《宋元學案・龜山學案・龜山文集》卷二十五（清全祖望補，清王梓材、馮雲濠、何紹基校。台北：世界書局，1991年），第552頁。

> 曩時某從羅先生學問，終日相對靜坐，只說文字，未嘗及一雜語。
> 先生極好靜坐。某時未有知，退入室中，亦只靜坐而已。先生令靜
> 中看喜怒哀樂未發之謂中，未發時作何氣象，此意不唯於進學有力，
> 兼亦是養心之要。元晦偶有心恙不可思索，更於此一句內求之靜坐
> 看如何。往往不能無補也。〔註99〕

是以「於靜中體認未發時氣象」成為了李延年非常著名的說法，此說法影響到
了朱子，故朱子言：

> 明道教人靜坐，李先生亦教人靜坐。看來須是靜坐，始能收斂。〔註100〕

雖然朱子晚年對此說法有所微詞〔註101〕，但是並沒有認為這種說法不對。聶
雙江講良知特重「寂體」，「寂」與「靜」不可分，因此接受了這一系「主靜」
思想與「靜坐」工夫，認為這是實踐「歸寂」的一種具體作為，故言：

> 無欲然後能寂然不動，寂然不動，天地之心也，只此便喜怒哀樂未
> 發時氣象。豈初學之士可一蹴能至哉？其功必始於靜坐。靜坐久而
> 氣定，氣定而後見天地之心。見天地之心而後可以語學。即平旦之
> 好惡而觀之，則原委自見，故學以主靜焉至矣。〔註102〕

「歸寂」工夫並非人人一蹴可及，「靜坐」則至少可以帶給人生理上的休養，
透過生理上的休養，漸可使人產生心理上的寧靜與平和，心理呈現寧靜與平和
的狀態，就與「良知本寂」的狀態是類似的，是以雙江用這種方式，漸進式的
引領人們理解「歸寂說」。這樣的做法立意相當良善，但卻會產生這是否屬佛
家做法的問題，故王龍溪曾言：

> 性體自然之覺不離倫物感應，而機常生生。性定則息自定，所謂盡
> 性以至于命也。虛寂原是性體，歸是歸藏之義，而以為「有所歸」，
> 與生生之機微若有待，故疑其入於禪定。佛家亦是二乘證果之學，
> 非即以虛寂為禪定也。「佛學養覺而嗇於用，時儒用覺而失所養」，

〔註99〕 朱熹：《朱子全書（十三）·延平答問》（上海：上海古籍出版社，2002 年），
頁 322。

〔註100〕 朱熹：《朱子全書（十三）·延平答問後錄》（上海：上海古籍出版社，2002 年），
頁 345。

〔註101〕 朱熹：《朱熹集·答程正思·第四書》卷五十：「蓋聖賢之學，徹頭徹尾只是
一敬字。致知者，以敬而致之也。力行者，以敬而行之也。靜之為言，則亦
理明心定，自無紛擾之效耳。今以靜為致知之由，敬為力行之准，則其功夫
次序，皆不得其當矣。」（四川：四川教育出版社，1996 年），頁 2450。

〔註102〕 《雙江文集·答元子益問學》卷八，頁 400 左下

末流之異則然。恐亦非所以別儒佛之宗也。〔註103〕

龍溪在此講「機常生生」，指的是「良知」應該要用「推致」方式來成就，而雙江「有所歸（即指歸寂）」用靜坐的方式來進行歸攝良知的理解，因此龍溪批評為「微若有待」，這樣一來，「歸寂說」則似為禪定之說，非儒學範疇了。這點王陽明在〈答陸靜原〉第二書中也有類似的言論：

> 孟子說夜氣，亦只是為失其良心之人指出箇良心萌動處，使他從此培養將去。今已知得良知明白，常用致知之功，即已不消說夜氣。卻是得兔後不知守兔而仍去守林，免將復失之矣。欲求寧靜欲念無生，此正是自私自利，將迎意必之病，是以念愈生而愈不寧靜。〔註104〕

王陽明對於孟子的夜氣說，雖然能夠理解，但是在「致良知」的前提下卻不贊同。原因無他，因為養夜氣的做法，只是一種內向的自我培養，但是陽明所謂「致良知」卻是一種向外的推致，因此陽明認為養夜氣只能為人「指出箇良心萌動處」，但守此說卻是守株待兔。龍溪的說法幾乎等同陽明的說法，都認為聶雙江「歸寂說」這種想法只是一種自我的修養，呈現的並非進取的「致良知」，而是「待良知」，且龍溪更以為「靜坐」這種歸寂工夫是佛家禪定之流。不過雙江對於這樣的批評卻有其立論處：

> 虛明者，鑑之體也，照則虛明之發也。知覺猶照也，即知覺而求寂體，其與即照而求虛明者何以異，謂是為反鑑而索照非即。盍不觀孩提之愛敬，平旦之好惡乎？明覺自然，一念不起，誠寂矣，謂之為寂體則未也。今不求寂於孩提夜氣之先，而謂即愛敬好惡，而寂之則寂矣，然乎不然乎？蓋孩提之愛敬純一，未發為之也；平旦之好惡，夜氣之虛明為之也。故夜氣不足以存，則其違禽獸不遠。大人恭天贊化，一惟不失其赤子之心而已。〔註105〕

雙江認為，夜氣的存養，即良知本體的存養，因為只有良知本體是純然的，就此純然的良知而行，發出的行為自然是良知的展現，所以「孩提愛敬」是最接近良知本體的，因此雙江提倡孟子的「夜氣」說。至於龍溪提到靜坐恐有禪定佛老之病，雙江在〈答應容庵〉第二書中曾有論及：

〔註103〕 王畿著，岡田武彥、荒木見悟主編：《龍谿王先生全集·致知議辨》卷六（台北：廣文書局印行，1975年），頁476～477。

〔註104〕 《王陽明傳習錄詳註集評》，頁228。

〔註105〕 《雙江文集·寄王龍溪二》卷八，頁408左下～409右上。

> 白沙先生周旋於人倫物理之中,而以其言虛無為禪,則過矣。虛無
> 不足以病佛老,其間毫釐之差,則不可以不審。誠使有佛老出,而
> 不鄙棄倫理,吾當誦法之不暇,可復敢有雌黃哉?虛無即未發之中,
> 心之本體也。感而遂通,物來順應,心之妙用也。而乃以感應為幻
> 妄,此則二氏之過耳。〔註106〕

此雖聶雙江為白沙迴護之語,亦可為自己提倡靜坐非受龍溪說為佛老禪定之
病之辯。聶雙江認為佛老之辨最主要的理由在於是否在「人倫物理」之中,雙
江以為佛儒雖都講「主靜」,但是他的觀點是「主靜以致良知」,在倫理的關照
上是積極的涉入,但是佛家主靜,卻為「鄙棄倫理」,故兩者是完全不同的思
考。再者,即使佛儒二者同講「靜虛」時,雙江所強調的卻是「虛無」乃良知
之主體,是一種思想第一義的考量,故不能因為佛家亦講「虛靜」,而主觀的
認定「虛靜」乃佛家語,全盤否定「主靜」的思想。

　　正因為上述的幾個理由,「主靜」才受到聶雙江的重視,而「靜坐」才會
成為聶雙江講「歸寂說」的一種具體實踐工夫。

二、「敬」以體「靜」,終得「未發之中」

　　前節論及「靜坐」是聶雙江「歸寂說」的一個具體實踐工夫,但這種工夫
到底來說也只是一個具體的生理動作,因此在「靜坐」的背後,勢必要有一個
更強烈的進階意圖存在。

(一)「敬」即「靜」也

　　「靜坐」的實踐方式既然與「主靜」這個工夫論有所關聯,但是只憑靜坐
這個生理活動並不能使人體會「靜」這個形上的境界,是以可以推論得知,聶
雙江教人「靜坐」勢必還有個意圖,而這個意圖在聶雙江的思考之中,便是「敬」:

> 或曰:「周子言靜,而程子多言敬,有以異乎?」曰:「均之為寡欲
> 也」。周曰:「無欲故靜。」程曰:「主一之謂敬。」、「一者無欲也。」
> 然由敬而入者,有所持循。久則內外齋莊,自無不靜。若入頭便主
> 靜,惟上根者能之。蓋天資明健,合下便見本體,亦甚省力。而其
> 弊也,或至於厭棄事物,賺入別樣蹊徑。是在學者顧其天資力量,
> 而慎擇所由也。近時有名為講學,而猖狂自恣,往往以主靜為禪學、

─────────────────

〔註106〕《雙江文集‧答應容庵》卷九,頁429左上右下。

主敬為迂學。而跳梁呼號，坐作語默，一隨其意之所便，無所顧忌，

而名為自得。哀哉！〔註107〕

在程朱思想當中，特別強調了一句話，即「涵養須用敬，進學在致知」〔註108〕，知萬事萬物之上必有一理，此為「集義」〔註109〕，便是「涵養」，便是「致知」，這正是雙江「靜坐」之所求。雙江由靜坐領人入門，靜坐而使人寡欲，寡欲寧靜而能敬，持敬以從事，久則自然「內外齋莊，自無不靜」，故能「歸寂」。從「靜坐」導而入「敬」，做了這樣的功課，才能算「近道」〔註110〕。這點，很明顯的雙江是採用了程朱的觀點：

程子只教人持敬。孔子告仲弓亦只是說「如見大賓，如承大祭」。此心常存得，便見得仁。……敬，只是收斂來。程夫子亦說敬。孔子說「行篤敬」，「敬以直內，義以方外」。聖賢亦是如此，只是工夫淺深不同。聖賢說得好：「人生而靜，天之性也；感物而動，性之欲也。」物至知知，然後好惡形焉。好惡無節於內，知誘於外，不能反躬，天理滅矣！〔註111〕

朱子乃引程子看法，認為「人生而靜」，但是要保持這個「天之性」，則需要克制自我的欲望，而這種克制欲望的方式，就是「持敬」，以此才能回歸「天理」。此段論述，可以觀察到雙江採納了程朱「持敬」的觀點來作為「歸寂說」的實踐工夫。然而人從這個方面斥此為禪或迂，實際上是沒有理解雙江用意之故，佛老講「靜」是要使人遁入「空無」，而程朱講「敬」〔註112〕則導向為「收斂

〔註107〕《困辯錄‧辯中》卷一，頁419左上右下。

〔註108〕程顥、程頤：《二程集‧程氏遺書》卷十八（台北：里仁書局，1982年），頁188。

〔註109〕程顥、程頤：《二程集‧程氏遺書》卷十八：「問：『人敬以直內，氣便能充塞天地否？』曰：『氣須是養，集義所生。積集既久，方能生浩然氣象。人但看所養如何，養得一分，便有一分；養得二分，便有二分。只將敬，安能便到充塞天地處？』」（台北：里仁書局，1982年），頁207。

〔註110〕朱熹集註，蔣伯潛廣解《四書廣解‧學庸》：「知止而后有定，定而后能靜，靜而后能安，安而后能慮，慮而后能得。物有本末，事有終始，知所先後，則近道矣。」（台北：啟明書局，無著錄出版年代），頁3。

〔註111〕朱熹著，黎靖德編：《朱子語類‧學六》卷十二（台北：文津出版社，1986年），頁208。

〔註112〕筆者按，實際上程朱講「敬」的理由與聶雙江可說實為相類，只是他們在避免用「靜」這個字，因為「靜」字容易使人連結至佛老思想，但雙江並不諱言「靜」字，甚至在其說中將此二字連結。故此段文字當中，提及程朱，只用「敬」字，即此緣故。

心神」〔註113〕，聶雙江則揉合二者，並且不以佛老講「靜」而諱之，反倒給予適當的連結，因此雖同藉「敬」或「靜」而入手，目的性卻是不一樣的。而掌握這個「敬」字「可以矯輕警惰，鎮浮黜燥」〔註114〕，因此「敬」是「靜坐」的一個進階意圖，故雙江言：

> 本體非敬不復，敬以持之，以作吾心體之健。心體健而後能廓清掃蕩，以收定靜之功。〔註115〕

由「靜坐」而讓人能夠「持敬」，掃蕩了欲念之後，方能體會「靜」的存在，體會「靜」的存在後，才能夠一步步的邁向「歸寂」的道路。是以聶雙江教人以「敬」體「靜」的最終目的，亦還是以「歸寂」為依歸。

（二）由「靜」以體得「未發之中」

聶雙江教人欲「歸寂」可由「靜坐」入門，除了這是個具體作為外，更是一個修養試煉的方式，因為透過靜坐持敬修習以體「靜」的過程中，可能會有各種狀況的發生，而靜坐者則必須摒除各種雜念，這樣的過程可視為是一種通往「寂」的境界的修煉：

> 思慮營私，心之變化。然無物以主之，皆能累心。惟主敬則氣定，氣定則澄然無事，此便是未發本體。然非一蹴可至，須存養優柔，不管紛擾與否，常覺此中定靜，積久當有效。若不知緊切下功，只要驅除思慮，真成弊屋御寇矣。越把捉，越不定，又是調停火候也。〔註116〕

「靜坐」使人「氣定」而澄然無事，但在過程中可能會被各種足以「累心」的紛雜事物所干擾，因此必須要更加的致力於「驅除思慮」。以雙江的觀點來談，靜坐的要訣無他，只「積久當有效」一句。「積久」即指須要將這種「靜坐持

〔註113〕筆者按，當朱子講「靜坐」可修養「持敬」工夫時，已經設想了可能會被批評為禪定的問題，因此在此朱子曾有此論述：「或問：『疲倦時靜坐少頃，可否？』曰：『也不必要似禪和子樣去坐禪方為靜坐。但指令放教意思好，便了。』」又：「或問：『不拘靜坐與應事，皆要專一否？』曰：『靜坐非是要如坐禪入定，斷絕思慮。只收斂此心，莫令走作閒思慮，則此心湛然無事，自然專一。』」可見朱子講「靜坐」，只講「收斂心神」與「克制欲望」的課題，而非如佛家禪定，遁入空門之境。此二語見朱熹著，黎靖德編：《朱子語類‧學六》卷十二（台北：文津出版社，1986年），頁217。

〔註114〕《困辯錄‧辯過》卷五：「獨有持敬一段工夫，由可以矯輕警惰，鎮浮黜燥。」頁450左下。

〔註115〕《困辯錄‧辯誠》卷八，頁470左上右下。

〔註116〕《雙江文集‧答戴伯常》卷十，頁439右上左上。

敬」的工夫養至嫻熟，讓自己隨時隨地都能夠「氣定」，這樣一來各種欲望才容易摒除，也才能到達「未發之中」的境地。

但是該怎麼樣做才能稱之為「工夫純熟」，雙江以為必須要達到「動靜內外兩忘」的境地才可稱之為「純熟」之境，故言：

> 然體得未發炯然在中，未可遽謂之中。如前所謂敬持存養，卻自是致中要道。到得動靜內外兩忘，不見有炯然之體，則真炯然矣，允執厥中矣。〔註117〕

此時之所以「忘」，乃是因為持敬的態度已經時時於胸中，故舉手投足無不為敬，因此動是靜，靜亦是靜，所以根本以為任何不在「靜」中的疑慮，是因純熟以為「忘」也。

做到「動靜內外兩忘」，已經達到可以體驗「未發之中」的境界，但是這並不代表這樣的境界已到「歸寂」的地步，體驗「未發之中」只是「歸寂」的一個基準點，故雙江言：

> 心之生生不已者，易也，即神也。未發之中，太極也，未發無動靜，而主乎動靜者，未發也。非此，則心之生道，或幾乎息，而何動靜之有哉。〔註118〕

由此可知體得「未發之中」只在「歸寂」工夫的基準點上，因為「未發無動靜」，但「主乎動靜」，故由靜坐持敬已體「靜」，直至「未發之中」也才剛算進入廟堂之門而已，而非整個「歸寂」工夫的完成。

「歸寂」工夫到了已可體得「未發之中」，雖然說不是整個工夫的完成，但是「歸寂」工夫著實來說，應該說是沒有完成點，而是一種循環不息的修為，試見：

> 未發之中，本體自然，敬已持之，使此氣象常存而不失，則自此而發者，自然中節。此是日用本領工夫。〔註119〕
> 故靜養一段工夫，更無歇手處。靜此養，動亦此養，除此更別無養。除此而別有所養者，未有不流為助長宋人也。動靜無心，內外兩忘，不見有炯然之體，此亦是靜養工夫到熟處。不可預期，預期則

〔註117〕《雙江文集‧答歐陽南野三》卷八，頁395右下左下。
〔註118〕《困辯錄‧辯神》卷七，頁458右下。
〔註119〕《困辯錄‧辯中》卷一，頁415右下。

　　反為所養之害。〔註120〕

由於「歸寂」工夫是「日用本領工夫」，因此整體所求者，乃「使此氣象常存而不失」，這就是「歸寂說」所講「致良知」的方式，而且這種方式，不能夠有所間斷，也不能夠有所預期，因為間斷則不能久持「良知」，故動靜將無所從；不能有所預期，因為有所預期，反而產生人為因素，不再是「未發」概念，故有所害。由此觀之，歸寂以致良知的方式，其實便是一種循而環之的作為。由靜坐以示人持敬之要，再由持敬以達「靜」，體得「未發之中」，開「歸寂」之門後，以此循環修養，便得「良知」，自此而發，皆得中節。

〔註120〕《雙江文集・答歐陽南野三》卷八，頁 395 左下。

第四章 「歸寂說」之諍議[註1]

　　明代學術多半沿襲宋學，並未自創蹊徑，唯在理學方面，可說深厚精微，超越前代，黃宗羲所言，實是至理：

> 嘗謂有明文章事功，皆不及前代，獨於理學，前代之所不及也，牛毛繭絲，無不辨晰，真能發先儒之所未發。程、朱之闢釋氏，其說雖繁，總是只在跡上；其彌近理而亂真者，終是指他不出。明儒於毫釐之際，使無遁影。[註2]

然明學則須「至陽明而後大」[註3]，因初期明學只能算在元代學術寒冬之後的初春萌芽。同時湛甘泉、羅整庵光彩亦芒，與王陽明三人平分天下學術，但陽明後學勢頭鋒健，明代學術自此而為王門天下。故陽明之後講良知皆循陽明之教，陽明講良知，可以此段論述作為定調：

> 性無不善，故知無不良。良知即是未發之中，即是廓然大公，寂然不動之本體。人人之所同具者也。但不能不昏蔽於物欲，故須學以去其昏蔽。然於良知之本體，初不能有加損於毫末也。知無不良，而中寂大公未能全者，是昏蔽之未盡去，而存之未純耳。體即良知之體，用即良知之用，寧復有超然於體用之外者乎？[註4]

〔註1〕筆者按，「諍」有直言以規勸、糾正之意，如《新唐書・崔玄亮傳》卷一六四：「玄亮率諫官叩延英苦諍，反復數百言。」用於陽明後學之論辯，正有相互直言論學之意義。（台北：鼎文書局，），頁5052。

〔註2〕《明儒學案・明學學案發凡》，頁17。

〔註3〕《明儒學案・白沙學案上》卷五，頁78。

〔註4〕《王陽明傳習錄詳註集評》，頁217～218。

陽明的良知本體，是同時包含體用二者，失去其中一者即不可稱之為良知，這是陽明對於良知最直接的論述。可見王陽明的良知論，即體用並見，已發未發並存的本體論。而陽明的四句教亦承此論而為王門論良知的法門：

> 以後與朋友講學，切不可失了我的宗旨。無善無惡是心之體。有善有惡是意之動。知善知惡是良知。為善去惡是格物。只依我這話頭，隨人指點，自沒病痛。此原是徹上徹下功夫。利根之人，世亦難遇。本體功夫，一悟盡透。〔註5〕

王陽明的論點十分清楚，然而卻在這樣的論點中，出現了王門後學解釋不同的發展。聶雙江提出「歸寂說」，他的工夫次第，以靜坐為入路，以無欲敬持為實功，而存養為發之中，俟敬持存養工夫至內外動靜兩忘後，未發之中才能充其極地呈現發用〔註6〕。雙江的思想進路，是以具體靜坐為入門，才漸至於動靜兩忘的「類禪定」〔註7〕，通過了這一層的修為之後，人抑制欲望的工夫也有了，故才能體驗所謂「未發之中」的境界，因此聶雙江的「歸寂說」反較之於龍溪所謂「苟能一念自反，即得本心」〔註8〕更能夠讓人有所依循。而且他之所以提出此說，也得救修證派與現成派之弊病。因為修證派在已發上用工夫，而纏綿於好惡相近；現成派則忘卻良知培養，以現在為具足，而陷於任情肆意〔註9〕。因此聶雙江提出「歸寂說」並非企圖違背師說，是為使得陽明學說不陷於窠臼，而有轉折之餘地。

雖然聶雙江之本意並非企圖違背師說，然而「歸寂說」所牽涉的問題，卻不得不使王學內部產生議辯，在《明儒學案》中提到：「王龍溪、黃洛村、陳

〔註5〕《王陽明傳習錄詳註集評》，頁360。

〔註6〕本段文字由「工夫次第，以靜坐為入路……呈現發用」，見林月惠：《良知學的轉折──聶雙江與羅念菴思想之研究》（台北：台大出版中心，2005年），頁239。

〔註7〕筆者按，因為聶雙江以「靜坐為入路」已經被王龍溪等批評為禪定，可是雙江以為若以對於「人倫物理」的涉入程度而言，兩者是完全不同的，不能夠因為講「虛靜」就被歸類於佛老之流。雖然聶雙江做如此辯解，但是所謂「動靜內外兩忘」的境界，卻是靜坐者可能會到達的某種共同的精神境界，故此，筆者以「類禪定」稱之。

〔註8〕《龍谿王先生全集·致知議辯》，454～455。

〔註9〕筆者按，此概念引自於岡田武彥：《王陽明與明末儒學》中，對於聶雙江提倡孟子「夜氣說」是為救正修證派與現成派的說法，筆者以為「歸寂說」實際上也是為了救正王學後學弊病而發，故在此處將岡田武彥的說法用於筆者對於「歸寂說」的解釋。

明水、鄒東廓、劉兩峰各致難端，先生一一申之。」〔註10〕聶雙江對於「歸寂說」問題的解釋，散見於與上述諸子往來論學的書信中。雖然在這些論辯當中，因為各執己見而最終無甚定論，但是卻可以透過這些論辯來理出聶雙江與諸子在良知學中的思路。而這些辯論的內容，無論是針對「已發、未發」，或是「寂、感」，或者「致知、格物」，都可以歸結成一個重點，那就是聶雙江對於良知本體的理解是與這些親炙陽明的弟子們有所差異的。聶雙江自己自然也懂得此處要領，他將王學判為二派的最主要原因也就在此〔註11〕。

除去師說道統之後，觀聶雙江或王龍溪等人說法，實際上都別出一格。可惜的是王門後學之間的辯論，似與朱陸之辯相同，因為他們在辯論之間，都只從自我理論出發，而不見彼此的長短，因而這些辯論到底還是不能夠有一共識。但就學術切磋的角度言之，這些辯論倒是讓聶雙江的歸寂說形成更清晰的面貌。

第一節 由「四句教」以見聶雙江「歸寂說」之論辯

前言提及，聶雙江與其他親炙陽明的弟子們產生激辯的最大原因，就是在本體論。因此雙江與王門諸子的爭辯，正好可以陽明「四句教」為切入點：

> 無善無惡心之體，有善有惡意之動。知善知惡是良知，為善去惡是格物。

此四句教中包含了王陽明思想的本體論與工夫論，可謂王門講良知本體之法印。然而王門諸子卻也對四句教之觀點不同而有相異的論點，是以我們正好藉此來見聶雙江「歸寂說」中幾個值得探討的課題。

一、「四有」與「四無」對「歸寂說」的觀點

在四句教的理解中，首先便是對於「四有」與「四無」的判準。其一，因意之發動有善有惡，顯示善意或惡意的「意相」；其二，心體之為有，順意之有善有惡而顯示其為不同於意的「至善之相」；其三，良知之發動，順意之有善有惡而顯示其為知善知惡之「知相」；其四，物是意之所在，故物之為有，順意之有善有惡而顯示其為正或不正之物的「物相」。就其四點「心」、「意」、

〔註10〕《明儒學案・貞裏聶雙江先生豹》卷十七，頁373。
〔註11〕筆者按，聶雙江將王學判為二派可見一為「知覺派」，一為「虛寂派」。詳見第三章第一節之論述。

「知」、「物」論，從意之所在或所用言物者，即「四有」，從明覺之感應言
物者，即「四無」〔註12〕。而王龍溪對四句教的理解，是屬「四無」之觀點，
可以此為據：

> 夫子立教隨時，謂之權法，未可執定。體用顯微，只是一機；心意
> 知物，只是一事。若悟得心是無善無惡之心，意即是無善無惡之意，
> 知即是無善無惡之知，物即是無善無惡之物。蓋無心之心則藏密，
> 無意之意則應圓，無知之知則體寂，無物之物則用神。天命之性粹
> 然至善，神感神應，其機自不容已，無善可名。惡固本無，善亦不
> 可得而有也。是謂無善無惡。若有善有惡則意動於物，非自然之流
> 行，著於有矣。自性流行者，動而無動，著於有者，動而動也。意
> 是心之所發，若是有善有惡之意，則知與物一齊皆有，心亦不可謂
> 之無矣。〔註13〕

因為王龍溪講良知，是以現在為具足，故心應屬先天之學，既為先天之學，必
然超越萬物，是以由心以至於物，為善者為當然且必然，故無所謂善惡。這點
與聶雙江思想相合，聶雙江「歸寂說」講良知在「未發之中」，「未發之中」是
在「已發」的情感之外的，故無善惡，是以雙江言：

> 知善之當為而為之，如好好色；知惡之當去而去之，如惡惡臭，此
> 是天然真意，故曰自慊。陽明先生云：「無善無惡者，心之體；有
> 善有惡者，意之發；知善知惡者，知之良；為善去惡者，物之格」。
> 蓋恐學者墮於解悟聞見之末，故就地設法，令人合下有用力處。若
> 愚意竊謂：知，良知也，虛靈不昧，天命之性也。致知者，充極其
> 虛靈之本體，而不以一毫意欲自蔽，而明德在我也；格物者，感而
> 遂通天下之故，而脩齊治平一以貫之，是謂明明德於天下也，正與
> 知止而后有定一條脈絡相應。知譬鏡之明，致則磨鏡，格則鏡之照。
> 妍媸在彼，隨物應之而已，己何與焉？是之謂格物。聖學本自簡易，
> 只求復性體，知善知惡，不知從性體上看，亦只隨念頭轉，若從念
> 頭上看，何啻千里？今之以任情為率性者類如此。〔註14〕

〔註12〕 筆者按，關於「四有」、「四無」之疏解，見牟宗三〈王學之分化與發展〉一文
　　　　第二節講王龍溪一段，本文所論皆整理自此。〈王學之分化與發展〉收於《從
　　　　陸象山到劉蕺山》（台北：學生書局，2000 年），頁 266～271。
〔註13〕 《龍溪王先生全集・天泉證道記》卷一，頁 96～97。
〔註14〕 《雙江文集・答戴伯常》卷十，頁 439 右下～440 右上。

雙江首先將此問題以《大學》章句解，認為知善知惡，就如同好好色、惡惡臭一樣，是性的必然，故「聖學本自簡易，只求復性體」，只要性體復了，善惡自判。而且他又說：「知譬鏡之明，致則磨鏡，格則鏡之照。」就是將心、意、知、物四者相扣，所以申言：「故心也、意也、知也、物也，自其本體而言之，皆無善無惡也，感於物而動也，而後善惡形焉。」〔註15〕與龍溪所言：「天命之性粹然至善，神感神應，其機自不容已，無善可名。」實際是採相同立場，因為他們以為「性本善」，故知善知惡這種知識層面的判斷，不可用在這種形上的概念中，因此贊同「四無」概念。

在心、意、知、物這四點上，心、意、物三者屬於經驗，唯知屬超越，因此知因意之具體而具體，隨意念之動而知之時，知即受意之限而為「有」，不如限而不限，恆自超越，使「有」不滯於「有」，故使其保持純粹至善性，形成一絕對之準則〔註16〕。聶雙江與王龍溪正是以為「知」不該被侷限，而肯認其超越性，自斯以降，順此理者自為善，惡則反向為之者，因此本就無善無惡，僅是一個概念拓展。

然持「四無」論者，會有一困境，即心、意、知、物因隨知而成為超越的證悟，那麼欲致其知，該如何下工夫。我們可由聶雙江〈答歐陽南野〉一書中觀得：

> （南野問）《大學》古本序中謂：「動而後有不善，而本體之知，未嘗不知也。」致其本體之知，然非即其事而格之，則亦無以致其知矣。（雙江答）若是，則本體之知，僅足以知吾不善之動而已，而不能使吾之動無不善也。蓋不善之動，妄也，已非吾本體之動也，非吾本體之動，而後有不善，一惟復吾本體之妄而已。若乃即其事而格之，不幾於隔靴爬癢乎？〔註17〕

〔註15〕《雙江文集・答董明建》卷十一：「《易》曰：『吉凶悔吝生乎動』。動而後有不善，而吉凶悔吝生焉，動而無不善者，吉也。夫善與不善，皆由於動而後有，則知未動之前即來論渾渾靈靈之體也，尚何善惡之可言哉？故心也、意也、知也、物也，自其本體而言之，皆無善無惡也，感於物而動也，而後善惡形焉。」頁504右上左上。

〔註16〕筆者按，牟宗三以為王龍溪講「四無」為「最高之理境」，因為牟宗三以為四無純是形上的證悟，然此形上的證悟必函攝於超越的證悟中以實之，否則，只是觀解。故筆者引其概念，以證王聶二人在四無的觀念中是同調的。此見牟宗三：《宋明儒學的問題與發展》（台北：聯經，2003年），頁271～272。

〔註17〕《雙江文集・答歐陽南野》卷八，頁392右上。

從上面「四無」的觀點來看，雙江認為的致知工夫自然不是落在意動後，良知才發動其知善知惡的功能，因此則僅能知自己有「不善之動，而不能使吾之動吾不善也」，所以歐陽南野是由「四有」觀點以察照雙江「歸寂說」。而雙江認為「致知」工夫則以「知譬鏡之明，致則磨鏡，格則鏡之照」為基礎，成為一種「復性」的工夫，因此才引伸出「格物無工夫」之論。

二、格物無工夫之辯

本文第三章第三節曾論及「『致知在格物』與『格物無工夫』之辨」，而此處「格物無工夫」之辯，乃就聶雙江在「四無」概念中採用角度而發。王陽明在「格竹」的體驗中失敗後，針對朱子格物致知論做了全盤檢討：

> 若鄙人所謂致知格物者，致吾心良知於事事物物也。吾心之良知，即所謂天理也。致吾心良知之天理於事事物物，則事事物物皆得理矣。
>
> 致吾心之良知者，致知也；事事物物皆得其理者，格物也。〔註18〕

陽明以為「致知格物」應當致者，是自我良知而已，而且良知即天理，天理則是一個普遍觀點，處處皆天理，故致良知須從事事物物中致之，使事事物物皆能得其理，此才為真「致知格物」。「致知格物」二者不可分，致知是陽明良知學中的基礎與根本，而格物是一種推致良知的過程。聶雙江對這點並不持反對意見，因為他致知格物基本上是先同意「四無」觀念而來的，同意良知的「至善性」，因此雙江對於致知格物的解釋如下：

> 致知者，充滿其虛靈本體之量；格物者，感而遂通天下之故。致以復其心之體；格以達其心之用。均之未求心也。或生而知之，或學或困而知之，及其知一也。〔註19〕

在這裡我們可以看到雙江對於「致知格物」的解釋，雙江亦多次在〈寄王龍溪〉此封書信中提到〔註20〕。實際上這段文字前半段解釋，除卻其主張的「充滿虛靈之量」屬「歸寂」說法外，其二分法則與王陽明所講「致知格物」並無太大差異。這種二分法則，即所謂本體與工夫之分別，前者無異，然聶雙江後半論述就顯現出所主張「格物無工夫」的觀點。雙江說「致以復其心之體；格以達

〔註18〕《傳習錄詳註集評》，頁172。

〔註19〕《雙江文集・答戴伯常》卷十，頁466左下。

〔註20〕筆者按，見《雙江文集・寄王龍溪》：「鄙以為充滿虛靈本體之量為致知，感而遂通天下之故為格物。」又同篇：「鄙以致虛守寂，充滿乎虛靈之體為致知，感而遂通天下之故為格物。」前者於頁489左上，後者出頁502左下。

其心之用」，是從「復性」的觀點切入，並非陽明的「推致」概念，所以雙江的主體在於「心」字，只要「心」的位置擺正了，發動的各種念頭、行為自合乎正軌，故「格物」事實上在「歸寂」的過程並沒有產生所謂的工夫，反而是「致虛守寂」才需要工夫。對此羅念菴有段切中要領的簡述：

> 遍觀《致知議略質語》大要，長者詳辨工夫，只在致知，不在物；只在內，不在外；只在不學不慮，自知自能，不在致此良知於事事物物；只在由仁義行，不在行仁義。斬斬截截，不少混淆。長者苦心，豈好辯哉？要令此學工夫明白，不少粘帶，故必如是挑剔耳。〔註21〕

念菴確實點中雙江要點，其要點即在「由仁義行，不在行仁義」，因為雙江既然主張良知為至善，故歸此至善後，發出的行為，自然合乎仁義，不必因為行仁義而成就良知。在《明儒學案・員外錢緒山先生德洪》亦記載雙江之論：

> 先師曰：「無善無惡心之體。」雙江即謂：「良知本寂，未發寂然之體也。養此，則物自格矣。今隨其感物之際，而後加格物之功，是迷其體以索用，濁其源以澄流，工夫已落第二義矣」。〔註22〕

然而由此解釋「格物無工夫」，是把「格物」歸到「致知」之中的做法，故歐陽南野曾致書與聶雙江討論這個問題：

> 來教云：「先師謂：『良知是未發之中』。此是骨髓入微處，若從此致之『便自能感而遂通，便自能物來順應』。『便自能』三字，先師提醒人免得臨事揣磨，賺入義襲窠臼。」誠然誠然。「便自能」之說，其義有二。如曰，視能明，便自能察五色；聽能聰，便自能別五聲。體用之義也。先師所謂：「未發在已發之中，而未嘗別有未發者存。無前後內外，而渾然一體者也。」如曰，能食便自能飽，能飲便自能醉。是執事所主工夫效驗之義。蓋微有先後之差而異乎？體用一源者矣，夫良知者常寂常感，常應常廓然。未能寂然則其感必不通，未能廓然大公則其應必不順。故致知之功，致其常寂之感，非離感以求寂也。致其大公之應，非無所應以為廓然也。〔註23〕

在此處歐陽南野將王陽明與聶雙江的說法，分別列出討論。聶雙江講「格物無

〔註21〕 羅洪先著，徐儒宗編校整理：《羅洪先集・與雙江公》卷六（南京：鳳凰出版社，2007年），頁192～193。

〔註22〕 《明儒學案・員外錢緒山先生德洪》卷十一，頁236。

〔註23〕 《歐陽南野文集・寄聶雙江三》卷四，頁422左上右下

工夫」是「由仁義行，不在行仁義」，故以陽明之言可用「便自能」三字括之。但是陽明的「便自能」卻與雙江的「便自能」為二物。歐陽南野認為「致知格物」，一為本體，一為工夫，工夫是在應證本體的。但是聶雙江把「格物」認做是「致知」的「效驗」，有工夫必有效驗，無效驗則無工夫，因此就「歸寂說」來講，因為歸於寂感，是以仁義自行，此為應然。但是若說「充滿其虛靈本體之量」便自能「感而遂通天下之故」，那麼致知與格物二者就的工夫與效驗即相混，知而能「自致」，物而能「自格」，「致知格物」也沒有存在的必要了。因此用這樣的概念來離析陽明雙江「致知格物」思想，陽明思考則有因果，如「視能能則可察五色，聽能聽則可別五聲」，而雙江則是「食自能飽？飲自能醉？」

　　雙江論「格物無工夫」在歐陽南野的解析中，對照陽明「致知格物」觀點，實有不周之處，可是若將此論至於其「歸寂說」中，卻又實屬必然，筆者以為雙江講歸寂說，由於特別注重「歸寂」的工夫，其工夫論是發生在「歸寂」的「復性」過程中，故講「格物無工夫」則是這套思路的「產物」，試見〈寄王龍溪〉第二書：

> 學有本原，心主乎內。寂以通感也，止以發慮也，無所不在。而所以存之養之者，止其所而不動也。動其影也、照也、發也，發有動靜而寂無動靜也。於是一以洗心退藏，主虛寂未發為要。〔註24〕

因為「歸寂說」認為心之本體如鏡，知即鏡之明，故致知即拭鏡使明，之後透過鏡發動之後的影、照、發，都是一切自然而然的結果。而王龍溪對於這種觀點其實並無過多反對之見，甚至是採同意的觀點：

> 寂是心之本體，不可以時言。時有動靜，寂則無分於動靜。濂溪云：「無欲故靜。」明道云：「動亦定，靜亦定。」，先師云：「定者心之本體；動靜，所遇之時。」靜與定即寂也。良知如鏡之明，格物如鏡之照。鏡之在匣在臺可以言動靜。鏡體之明無時不照，無分於在匣在臺也。故吾儒格物之功無間於動靜，故曰「必有事焉」，是動靜皆有事。廣大之生原於專翕，專翕即寂也。直與辟即是寂體之流行，非有二也。自然之知即是未發之中，後儒認纔知即是已發，而別求未發之時，故謂之茫昧支離，非以寂感為支離也。〔註25〕

〔註24〕《雙江文集·寄王龍溪》卷八，頁 409 左上。
〔註25〕《龍谿王先生全集·致知議辨》卷六，472～473 頁。

王龍溪對於聶雙江講良知即鏡之明，實採同意觀點，甚至為雙江補充其論〔註26〕。只是龍溪對於此觀點是建立在雙江此說無礙於良知之無分於動靜。對於雙江將良知分內外，在已發之外別求未發，依然是不同意的觀點，故曰「後儒認繳知即是已發，而別求未發之時，故謂之茫昧支離，非以寂感為支離也」，以為雙江將良知強分已發與未發，實為支解良知。

雙江此論，可謂在本體上講格物，「格物無工夫」成為了揭示以虛寂為本的格物說，這樣的說法，雖說與陽明「致知格物」有扞格之處，但是他卻企圖以此解釋陽明的「四句教」，甚至在「四無」的觀點下發展出此論，所以未必背於師門。

第二節　良知本體之辨

聶雙江歸寂說論本體，其重點為「良知本寂」、「本原之地，要不外乎不睹不聞之寂體也」〔註27〕，實際上從這個部份來說，雙江的本體論其實是與工夫論很難切割的，因為「寂」是雙江所強調的本體，但是這個本體卻無法透過陽明「致知格物」之功以達到，是以「主靜」的思考形成「歸寂」的一件必要思考，所以在聶雙江「歸寂說」中，除了主體論與陽明之說有其差異處外，他的工夫論更是無時無刻不存在的，這也是雙江講「格物無工夫」的一層意義，因工夫時時去養，是為無工夫者。因此針對這樣的本體論提出了幾個重要的問題。其一，「歸寂說」將寂感相分，雙江以為「感生於寂，歸寂所以通感也」〔註28〕，因此寂感便有所謂先後的問題。其二，雙江言「學有本原，心主乎內」〔註29〕，其良知本體在雙江的觀念中，是屬於「內」，而發動之感則屬「外」，

〔註26〕筆者按，王龍溪此段文字主要針對〈致知議辨〉中，聶雙江之問難以發，只是雙江此段文字，與上述所舉「學有本原，心主乎內」一則論調類同，故將龍溪之答置於此處以證之。茲錄雙江之難於下：「動靜之分，亦原於《易》。《易》曰：『靜專動直；靜翕動闢。』周子曰：『靜無而動有。』程子曰：『動亦定，靜亦定。』周、程深於《易》者，一曰主靜，一曰主定。又曰：『不專一則不能直遂，不翕聚則不能發散，是以大生廣生焉。』廣大之生原於專翕，而直與闢則專翕之發也。必如此然後可以言潛龍之學。」見《龍谿王先生全集·致之議辨》卷六，469～470頁。

〔註27〕筆者按，以上兩句引文皆出《明儒學案·雙江論學書》一文，頁374。

〔註28〕聶豹著，吳可為編校整理：《聶豹集·答王龍溪》卷十一（南京：鳳凰出版社，2007年），頁386。

〔註29〕《雙江文集·寄王龍溪》卷八，頁409左上。

故寂感即有內外之問題。其三，雙江認為陽明所謂的良知，有部份是屬於已發的知覺，並非純然的本體，他認為必有一「未發」存在於「已發」之外，「未發」才是「心之本體」，而這個「心之本體」即謂之「寂」。

此三問題中，前二問題可歸納為一，在此可將「寂感」的先後內外問題，定位為「寂感」的「時界」關係。寂感之工夫實踐「先後」關係屬「時」，而未發已發的「內外」感知則屬「界」〔註30〕。第三個問題則是針對「歸寂說」核心理論的探討。故本節分此二點論述。

一、「寂感」的「時界」關係

雙江歸寂說因為因其本體論與王門之論基本相異，以為心之本體為「寂」，因講「歸寂以通感」，使得寂感二者產生先後的「時界」問題，故有此論：

> 先天之學即養於未發之豫，豫則命由我立，道由我出，萬物皆備於我，故曰：「先天而天弗違」。感於物而動其中，動而七情出焉。乘天時行，人力不得而與，與則助，助則去天遠矣，故曰：「後天而奉天時」。邵子曰：「先天之學心也，後天之學跡也。」先天言其體，後天言其用，蓋以體用分先後，而初非以美惡分也。……「未應不是先，已應不是後」程子蓋為心體言也。然於學問之功則未之及。〔註31〕

此段文字曾在第三章講「『歸寂說』的構成圖像」時亦曾提及。王陽明論良知乃本「體用一原」，因此陽明言中和問題時，就已清楚表達「寂感無二時，體用無二界」觀點。聶雙江雖然在良知學的根本上認同陽明所講良知本體義，但是在養成本體之功的進行上，他則以為要達到這種無時不寂、無時不感的境界，就需要有一寂然的本體用以統攝感應，因此要對於這種至善的本體有所確認時，必然有寂感二時的歸寂工夫，是以雙江言：

> 夫無時不寂、無時不感，心之體也。感惟其時而主之以寂者，學問之功也。故謂寂感有二時非也；謂工夫無分於寂感，而不知歸寂以主夫感者，又豈得為是哉。蓋天下之感皆生於寂，不寂則無以為感。〔註32〕

〔註30〕筆者按，此處所言「時界」觀點，乃藉溫愛玲：《從聶雙江到羅念菴良知學之研究──以王門諸子「以知覺為良知」與「分裂體用」的論題為脈絡》論文所提出的觀點與辭彙陳述。

〔註31〕《雙江文集·答王龍溪一》卷十一，頁477左上右下。

〔註32〕《雙江文集·答東廓司成》卷八，頁404右下。

從這裡來看，可以很明白的看到雙江「歸寂說」的架構，「寂感無二時，體用無二界」在本體論上被明白的確認，故言「夫無時不寂、無時不感，心之體也」，與王門各派的共識相同。但在「歸寂說」中採取的實踐工夫則認同了「寂感有二時，體用分二界」的看法，此點實是雙江「歸寂說」的一處「表面性」的矛盾點，在王龍溪的觀點中，這就是支解了陽明的義理：

> 良知之外別求已發，即是世儒依識之學。或攝感以歸寂，或緣寂以
> 起感，受症雖若不同，其為未得良知之宗，則一而已。〔註33〕

依照陽明義理，良知乃「未發之中，寂然不動之體」且亦是「發而中節之和，感而遂通之妙」〔註34〕，包含了已發與未發，這都是屬於本體論的範疇，是以無時界二分的問題。再者，王龍溪此論亦牽涉聶雙江分裂體用為二的問題，雙江以「寂」為內為體，「已發之和」在外為用，故再有批評語：

> 寂之一字，千古聖學之宗。感生於寂，寂不離感。舍寂而緣感謂之
> 逐物，離感而守寂謂之泥虛。夫寂者，未發之中、先天之學也。未
> 發之功卻在發上用，先天之功卻在後天上用。〔註35〕

是以從此觀之，雙江將寂感離析而產生「時界」分離的觀點，成為一種對陽明義理的異議〔註36〕。但是王龍溪似乎只見到「歸寂說」表面性的理論矛盾，卻未深究其理。若以「歸寂說」為出發點而論心性問題，聶雙江則是肯定了王陽明對於良知即體即用的思辨，而以此為基礎，雙江之所以講「寂感有二時，體用分二界」，乃為呈現歸寂說「立體以達用」的工夫主張：

> 愚於此等處，蓋嘗求諸心而有未瑩。程子曰：「心一也，有指體而
> 言者，寂然不動是也。有指用而言者，感而遂通是也。」用生於體，
> 故必立體以達用，歸寂以通感可也。夫神與易，言乎心之用也。自
> 心之變化而言謂之易，自變化之不可測而言謂之神。故曰：「易有

〔註33〕王畿著，岡田武彥、荒木見悟主編：《龍谿王先生全集·致知議略》卷六（台
　　　　北：廣文書局印行，1975年），頁444～445。
〔註34〕上二條引文，皆見《王陽明傳習錄詳註集評》，頁223。
〔註35〕《龍谿王先生全集·致知議辨》卷六，頁451。
〔註36〕筆者按，牟宗三對此有一判語，實為至理：「王龍溪所言皆本于陽明，而曰『混
　　　　沌未判之前語』，蓋亦對于陽明所言之良知未有諦解也。夫點出良知即是判開
　　　　混沌。設再以此為混沌，將如何再判耶？豈必就良知再分未發與已發始得為
　　　　判耶？」語見《從陸象山到劉蕺山》（台北：學生書局，2000年），頁303。可
　　　　見聶雙江對於陽明義理確實支解其義。

太極，是生兩儀。」而八卦吉凶，生生而不已。聖人洗心退藏於密，而神知之用，隨感而應。今不求易於太極，而求生生以為心。不求神於藏密，而求知來以為體，是皆即用以為體，由是而有心無定體之說。〔註37〕

雙江認為「心無定體」〔註38〕之說，是「心不在內也，百體皆心也，萬感皆心也」，雙江也曾力行是說，然而「譬之追風逐電，瞬息萬變，茫然無所措手，徒以亂吾之衷也」〔註39〕，因為沒有一個本體概念可以依循，所以其工夫無著力處。雙江更舉伊川說法，證明心有體用二者，而且用生於體，故必「立體以達用」。而「神」與「易」者，皆指心之用，而易有太極，太極才為心之體，因此於太極之體上用功，才能有變化不測之神用。所以基本上雙江還是肯認陽明講良知即體即用的說法，故尚未完全背於師說，唐君毅亦講：「于此即須將此體，推高一層，提于其已發之用上以觀。」即是講雙江「立體以達用」的必然觀點。

二、聶、王二人對「良知本寂」與「見在具足」的諍議

因為雙江主「歸寂說」，對於陽明良知「收斂」〔註40〕說法有所堅持，故對於王龍溪等現成派講良知見在具足相當不滿，故聶雙江批評曰：「尊兄高明過人，自來論學，只是（自）混沌初生無所汙壞者而言，而已見在為具足，不

〔註37〕《雙江文集・答歐陽南野二》卷八，頁395右上左上。
〔註38〕筆者按，上段「立體以達用」之引文，乃聶雙江答歐陽南野「心無定體」之語。茲錄歐陽南野原問於下：「竊益形生之後，神發為知，所謂心也。此知因應變化，故謂之易。甚變化不動，於欲不礙於私，故謂之寂然，謂之感通。夫有變有化，有感有通，則固有用矣。有用則必有體，有體則必有定。然其體神也，其用易也，故神無方而易無體，其定體也。私欲渾化，常寂常通，其定體也。定體無動靜，故精義入神以致用，隨時變易以從道，其工夫亦無動靜。」見《歐陽南野文集・答聶雙江》卷五，頁457右上左上。
〔註39〕上二引文皆出《雙江文集・答歐陽南野二》卷八，頁395右上。
〔註40〕筆者按，陽明講良知收斂者，乃在：「精神，道德，言動，大率收斂為主，發散是不得已。天地人物皆然。」出《王陽明傳習錄詳註集評》，頁90。又：「向晦宴息，此亦造化常理。夜來天地混沌，形象俱泯。人亦耳目無所睹聞，眾竅俱翕。此即良知收斂凝一時。天地既開，庶物露生。人亦耳目有所睹聞，眾竅俱闢。此即良知妙用發生時。可見人心與天地一體，故『上下與天地同流』。今人不會宴息，夜來不是昏睡，即是忘思魘寐。」見《王陽明傳習錄詳註集評》，頁326～327。陽明原意實類孟子夜氣之說，其講收斂，偏屬於精神之收斂，與良知本體並非全然一致。

犯做手為妙悟，以此自娛可也，恐非中人以下知所能及也。」〔註41〕是以持論乃突出「寂」：

> 良知本寂，感於物而後有知。知其發也，不可遂以知發為良知，而忘其發之所自也。心主乎內，應於外，而後有外。外其影也，不可以其外應者為心，而遂求心於外也。故學者求道，自其主乎內之寂然者求之，使之寂而常定。〔註42〕

雙江強調以復歸「未發之中」的「寂體」為目的的「守寂」工夫，認為這樣的工夫應該「常定」，不可須臾離也，才能夠真正的「致良知」。採此說目的，因為聶雙江認為認為透過學問工夫的存養與琢磨，才能夠真正的達到至善的心體，沒有透過這樣的工夫而呈現的，只是一個當下的實然知覺作用。因此對於王龍溪講「見在具足」有相當尖銳的批評也可理解。只是從王龍溪的角度來說時，他之所以理解陽明的良知為「見在具足」，乃是對於呈露的良知本身而說，因其隨時可以呈現，故有下手處，由此而有道德實踐，致良知得以成己而成物：

> 然竊窺立言之意，卻實以混沌無歸著，且非污壞者所宜妄意而認也，觀後條於告子身上發例可見矣。愚則謂良知在人本無污壞，雖昏蔽之極，苟能一念自反，即得本心。譬之日月之明，偶為雲霧之翳，謂之晦耳。雲霧一開，明體即見，原未嘗有所傷也。此原是人人見在具足、不犯做手本領工夫。人之可以為堯舜、小人之可使為君子，舍此更無從入之路、可變之幾。固非以為妙悟而妄意自信，亦未嘗謂非中以下所能及也。〔註43〕

就聶雙江對王龍溪予「不犯做手」之論而言，實是聶雙江將眼前呈現的良知視同為告子的「生之謂性」，故曰：

> 仁是生理，亦是生氣，理與氣一也，但終當有別。告子曰：「生之謂性。」亦是認氣為性，而不知係於所養之善否。杞柳、湍水、食

〔註41〕《致知議辨》。筆者按，此處聶雙江所言，針對王龍溪論學風格而批判，口氣有過之。牟宗三言：「聶雙江把就良知自身說的『見在具足』與一個人的現實狀態混而為一，視此現實狀態為現成具足，因而遂致疑見在具足的良知，而說無現成的良知，此大誤也。」見《從陸象山道劉蕺山》，頁345。筆者以為牟宗三此言甚是。雙江情溢於文，他的觀點雖出於良知須由「歸寂」工夫以成，沒有見成良知，如此急於表達「歸寂說」實為陽明良知學真諦，故於此批評過甚，實為可惜之處。

〔註42〕《明儒學案・雙江論學書》卷十七，頁374。

〔註43〕《龍谿王先生全集・致知議辨》卷六，頁455。

色之喻，亦以當下為具足。「勿求於心，勿求於氣」之論，亦以不
犯做手為妙悟。孟子曰：「苟得其養，無物不長。苟失其養，無物
不消。」是從學問上驗消長，非以天地見成之息冒認為已有而息之
也。「仁者與物同體」，亦惟體仁者而後能與物同之。〔註44〕

「見在」一詞原乃佛教用語，意指「現今存在之義」，而「現成」一詞也為禪
宗語，意即「自然出來，不假造作安排者」。此二者都是禪宗「作用見性」的
表達方式。而聶雙江受朱子影響，將禪宗此理解為告子的「生之謂性」。而朱
子心性為二，心理為二，以理為性，而不以心為性，視心為氣之靈，故本無孟
子所言之本心。但聶雙江講王學，應從孟子就眼前呈露的本心而指點良知，所
以雙江把龍溪「見在具足」之論解為告子「生之謂性」，在王學中實為不妥。
不過若將此課題放寬檢視，則是對於「知」的理解問題，陽明所謂之「知」，
實際上尚可以分為「意見之知」與「本然之知」：

夫知覺之知，有意見之知，有本然之知，昧者均以為良知。夫知覺
之知，人與物一也，有真率，無節制。意見之知，萌於念慮，善惡
幾焉。雖本然之知出於性天知靈覺，不待學習，童而知愛親，長而
知敬兄，感觸而應，孺子入井而怵惕，見譸蹴之食，無禮義之萬鍾
而辭讓，此謂本然之良知，所當致焉者也。〔註45〕

是以就此而言，陽明所言「致良知」者，應當是「致本然之知」。而雙江「歸
寂說」則是就此「致本然之知」而發，因為本然之知雖「出於性天知靈覺，不
待學習」，但卻是「有真率，無節制」的，因此需要透過學問工夫之琢磨，使
其歸返「寂」境，方是雙江所認為的「真良知」。由此以見，雙江自然肯認「良
知本有」這個陽明講良知的大前提：

樹柄端倪，白沙意指實體之呈露者而言，必實體呈露而後可以言自
然之良，而後有不學不慮之成。〔註46〕

因為人之善性，可以透過呈現出來的行為來體現，故能夠肯認「良知本有」。
而王門之所以對此有所爭辯，只是對於良知體認的角度不同，故王龍溪講「見
在具足」，聶雙江講「良知本寂」。可惜的是即使經過如此激烈的議辯，到最後
還是無法取得的共識，為「良知」下一定語。

〔註44〕《雙江文集·答王龍溪一》卷八，頁390左上右下。
〔註45〕《明儒學案·盧冠巖先生守忠》卷五十四，頁1292。
〔註46〕《雙江文集·答王龍溪二》卷十一，頁494左上。

第三節　羅念菴對「歸寂說」思想之汲取與議辨

　　聶雙江「歸寂說」出，引起王門內部激烈的學術論辯，而最欣賞聶雙江此說者，乃羅念菴一人。羅念菴「收攝保聚」之說，亦由聶雙江思想觀點而引發，可見二者思想之關連性。然而羅念菴較之聶雙江，其所受到的問難指責是相當輕的，何以如此，筆者歸納為以下兩個原因。

　　其一，王門依地域分有三派，浙中、泰州與江右，首倡在「已發之外別求未發」者，乃為聶雙江，因此所有的問難指責，必然朝聶雙江而來。再者，亦因為聶雙江強調其「歸寂說」乃陽明思想之真義，當然形成王門諸子不滿，故群起攻之。其二，聶雙江以「歸寂說」為承襲前賢之道統〔註47〕，因此為了迴護自我學說的道統性，是以對於他人的問難無法忽視，養成了聶雙江較具攻擊性的學術性格。此二點就是聶雙江之所以比羅念菴受到同門較多攻擊的緣故。

　　但就算羅念菴極度推崇聶雙江的說法，稱「歸寂說」為「霹靂手段，許多英雄瞞昧，被他一口道著」。然而依然有所批評：

　　雖然余始手箋是錄，以為字字句句無一弗當於心。自今觀之，亦稍有辨矣。公之言曰：『心主乎內，應於外而後有外，外其影也。』心果有內外乎？又曰：『未發非體也，於未發之時見吾之寂體。』未發非時也，寂無體，不可見也。余懼見寂之非寂也。自其發而不出其位者言之，謂之寂；自其常寂而通微者言之，謂之發。蓋原其能戒懼而無思為，非實有所指，得以示之人也。故收攝斂聚，可以言靜，而不可謂之寂然之體。喜怒哀樂可以言時，而不可謂無未發之中。何也？心無時，亦無體，執見而後有可指也。易曰：『聖人立象以盡意，繫辭以盡言。』言固不盡意也。坤之震，剝之復，得之於言外，以證吾之學焉可也。必也時而靜，時而動，截然內外，如卦爻然，果聖人意哉？〔註48〕

〔註47〕筆者按，《雙江文集・答戴伯常》卷十：「體認未發氣象分明，則發時走作便自有轉頭處。……此事堯舜相傳以來正法眼藏。」頁443左下。又《雙江文集・答陳永明》卷十一：「某不自度，妄意此學四十餘年，一本先師之教，而紬繹之，《節要錄》備之矣。已乃參之《易傳》、《學》、《庸》，參之周、程、延平、晦翁、白沙之學，若有獲于我心，遂信而不疑。」頁486右上。可見雙江以堯舜以來儒學道統自居。

〔註48〕《明儒學案・文恭羅念菴先生洪先》卷十八，頁422。

由此，我們可以見到羅念菴對於聶雙江「歸寂說」的看法並非全盤接受，甚至有「心果有內外乎」之疑問。不過在羅念菴的思想當中，畢竟與雙江的思想較為接近，故他的觀點當中亦言「寂」或「未發之中」，其「收攝保聚」說中大量吸收了雙江「歸寂說」的觀點。因此羅念菴對於與聶雙江思想之對話，亦值得申辯之。

羅念菴早期思想搖擺不動，因而對良知概念亦無確切的掌握，是以其早期思想曾受到各方面的影響，如他說：「真信得至善在我，不假外求，即時時刻刻，物物種種見在，不勞一毫安排布置，所謂『無邪』，原是不相黏著，不勞絕遺。」〔註49〕其中講「至善在我」即良知之謂，而以「見在」為解，則明顯受到王龍溪思想影響。此為其早期之學，尚未臻成熟，故有搖擺情況，及至念菴親訪雙江於翠微後，對於雙江的「歸寂說」產生同意觀點，其思想從此才漸漸轉化，試見：

> 及知蘇州，以憂病歸，閉戶翠微山中十餘年，屏耳目之交，考《易》、《庸》之旨，喟然嘆曰：「夫所謂良知云者，蓋指不學不慮而言，則謂發之中是也。其感則愛與敬也。學者舍不學不慮之真，而惟執愛親敬長之感應以求良知，不幾於義襲而取乎？」乃自為之說曰：「致良知者，致吾心之虛靜而寂焉，以出吾之是非，非逐感應以求其是非，使人擾擾外馳，而無所於歸。以為學也，夫知其發也，知其良，則其未發，所謂虛靜而寂焉者也。吾能虛靜而寂，雖言不及感，亦可也。是說也，吾得之於孔，為乾之健、為坤之復、為艮之背。吾於孟得知夜氣，於濂得之主靜，得之定性，是致知之正傳。而徒曰『良知良知』云者，吾不知之也。」是說出，而聞者莫不盡駭。〔註50〕

此處是羅念菴在雙江七十歲時所作之序，距當年念菴訪雙江於翠微山時已近二十年。這裡所提到的就是雙江「歸寂說」的主要觀點，可見當時念菴訪雙江所討論者，就是後來雙江講「虛靜而寂」、「由靜以入」的重點，自此之後二人「至其辨難，亦嘗反覆數千百言」〔註51〕，所以羅念菴的思想，從此開始有了轉化的契機。

〔註49〕《明儒學案‧文恭羅念菴先生洪先》卷十八，頁392。
〔註50〕《念菴文集‧雙江公七十序》卷十一，頁58～59。
〔註51〕《念菴文集‧雙江公七十序》卷十一，原頁60。

一、主靜之說

　　雖然羅念菴早期思想有所不定處，但是卻常以「主靜無欲」的說法訓示門人，故其得意弟子胡盧山對羅念菴思想有此敘述：

> 先生初不喜良知，亦不盡信陽明先生之學，訓吾黨專在主靜無欲。
> 予雖未甚契，然日承無欲之訓熟矣，其精神日履，因是知嚴取予之義。〔註52〕

由此看來，羅念菴講「主靜無欲」，在思想底子其實已與聶雙江相近，而在二人會面之後，念菴講其學問進程為「近於靜坐中稍見精神當斂束，不宜發散。一切寂然，方有歸宿」〔註53〕，此處可以明顯見到這時羅念菴思想已經受到雙江之影響，以靜為入路，並以「歸寂」為其目的。而此二人因為「主靜」思想，是以皆講「靜坐」工夫。然聶雙江「主靜」思想，是為了「持敬」以見「天地之心」，故云：

> 無欲然後能寂然不動，寂然不動，天地之心也，只此便喜怒哀樂未發時氣象。然豈初學之士一蹴能至哉？其功必始於靜坐。靜坐久然後氣定，氣定而後見天地之心。見天地之心而後可以語學。即平旦之好惡而觀之，則原委自見，故學以主靜焉至矣。〔註54〕

是以主張「靜坐」為初學之士一個重要的入門法則，透過「靜坐」工夫，可以使「氣定」，氣定則是對萬物皆有「敬」心，依此便能見「寂體」。不過羅念菴雖亦講靜坐，卻不像雙江「靜坐持敬」對於萬物有感而持敬，反是一種內心的收斂，是以其講靜坐，是為「收心」之用：

> 有訓來，承手書，足見留心此件。「識心」一段，甚好！但覺出於揣摩。不出揣摩，即不消云外面一切工夫，工夫本無內外也。大抵能識心，即理即心，更無在外。執著於理，即心即理，即理即迷，在內亦迷，更云何外？今欲真實了此，須從自心靜中尋求自家境界，是落何等，是患何病，從而問藥，從而前進，始是不迷。〔註55〕

羅念菴此說，實際上也是對於王龍溪講「良知現成」說的一個反動。因為念菴與雙江，對於「良知現成」都採反對意見。雙江講「歸寂」乃是求「復性」之

〔註52〕《明儒學案・憲使胡盧山先生直》卷二十二，頁521。
〔註53〕《念菴文集・冬遊記》卷五，頁1～2。
〔註54〕《雙江文集・答亢子益問學》卷八，原頁31下。
〔註55〕《念菴文集・答王有孚》卷二，頁27～28。

後，「已發」自然得正；而念菴則是認為良知乃須有「收斂保聚」之工夫，方能到達。由此說來念菴「主靜」工夫，比起雙江而言，是更接近個人的修養工夫，雖然他最後講「從而前進，始是不迷」，但是主體還是針對個人而，因此羅念菴「主靜」是為「無欲」，故其又言：

> 靜坐收拾此心，此千古聖學成始成終句。但此中有辨，在靜坐識得本心後，根底作用俱不作疑，即動靜出入，皆有著落，方寸不迷，始為知方。然須從靜中安貼得下，氣機斂寂後，方有所識。不然，即屬浮妄中去矣。念之有無多寡，識心後，應不作如此見解也。〔註56〕

因為「主靜無欲」，方能「方寸不迷」，可是這個主靜工夫卻只是個「收攝」的作用。反觀聶雙江對於「主靜」則更推高一曾而言，認為靜坐乃發「持敬」之念，為「歸寂」之歸路：

> 未發之中，本體自然，敬已持之，使此氣象常存而不失，則自此而發者，自然中節。此是日用本領工夫。〔註57〕

雙江講「靜坐」是識得本體之入門，目的是要使人「時時持敬」，並且「使此氣象常存而不失」，就是做到「歸寂」的工夫，因此「自此而發者，自然中節」。雖然聶雙江以為良知為「未發之中」，將「已發」、「未發」二分，可是當做到「歸寂」已尋得「未發」，那麼從此處觀照「已發」，則「已發」可以自然中節。是以聶雙江的「主靜」概念，較之羅念菴「主靜無欲」，對於陽明「致良知」之論，是較有掌握處。當然，羅念菴強調「主靜無欲」自然也非欲與聶雙江做出區隔，實是對於現成派的反對而發〔註58〕，但也基於「主靜無欲」的思想底子，故主「收攝保聚」之說。

二、「收攝保聚說」與「歸寂說」

羅念菴自二十七歲進士及第後（嘉靖九年，西元一五三〇年），與聶雙江

〔註56〕《念菴文集·答王有訓》卷二，頁30。
〔註57〕《困辯錄·辯中》卷一，頁415右下。
〔註58〕筆者按，羅念菴此說與聶雙江所顧慮者同，因為現成派主張「以現在為具足」，而終將有陷於任情肆意之弊，是以曾言：「良知一語，乃陽明公指袖珠示人者，自此說一傳，漸失其真，至有以恣情縱欲附於作用變化之妙，而此語未始離人，一語遂為出脫私意旁門，遮飾面目話柄，其為害乃甚於未談學者，豈不甚可懼哉？」可見羅念菴「主靜無欲」思想，是為此而發。語見羅洪先著，徐儒宗編校整理：《羅洪先集·答友人論學》卷九（南京：鳳凰出版社，2007年），頁377～378。

相識於蘇州，之後數訪雙江並相與講學，期間長達三十餘年。念菴首識雙江時，正是雙江在陽明死後拜入其門下之時，因此在長達三十餘年的論學過程中，念菴可為是雙江的學問見證。而在嘉靖二十六年（西元一五四七年），雙江下獄，念菴往送之，含淚與雙江訣別，雙江卻是「其容皭然，其氣夷然，其心淵然而素」〔註59〕的臨危不懼之色，為自己的「歸寂說」作了最佳的典範，是以念菴從「心亦疑之」受到此情狀之震攝，轉而心折於雙江。因此當雙江與王門諸子辯「歸寂」時，念菴因曾真實感受過雙江實踐「歸寂說」的情況，故自始至終迴護雙江〔註60〕。

雙江「歸寂說」中最為王門所非議者，乃分別「已發」、「未發」二者，然羅念菴則同意雙江所言：

> 昔之役者，其逐於已發；而今之息者，其近於未發矣乎！蓋自良知言之，無分於發與未發也，自知之所以能良者言之，則固有未發者以主之於中。而或至於不良，乃其發而不知返也。吾於暫息且有所試矣，而況有為之主者耶？夫至動莫如心，聖人尤且危之，苟無所主，隨感而發，譬之御馬，銜勒去手，求斯須馳驟之中度，豈可得哉！道心之言微，性之言定，無欲之言靜，致虛之言立本，未發之言寂，一也。〔註61〕

羅念菴對良知之體會與雙江相同，肯認良知乃具有其超越性。但是羅念菴卻以良知本身「無分發與未發」，卻有「良與不良」。屬其良者，才乃為「未發之中」；不良者則成為「不知返的已發」。隨後又認為「中」乃一切事物的主宰，故掌

〔註59〕 《困辯錄·困辯錄序》：「癸卯，洪先與洛村黃君聞先生言必生於寂，心亦疑之。後四年丁未而先生逮，送之境上，含涕與訣。先生曰：『嘻，吾自勝之，無苦君輩也。』其容皭然，其氣夷然，其心淵然而素，自是乃益知先生。遂為辯曰：『先生於師傳如何吾未之知，請言吾所嘗。』昔者聞良知之說悅之，以為是非之心人皆有之，吾惟即所感以求其自然之則，亦庶乎有據矣。已而察之，持感以為心，即不免於為感所役。吾之心無時可息，則於是非者亦有時而淆也。又嘗凝精而待之以虛無，計其為感與否也，吾之心暫息矣，而是非之則似亦不可得而欺，因自省曰：『昔之役役者其逐於已發，而今之息者其近於未發矣。』」，頁412右上左上。

〔註60〕 《明儒學案·文莊歐陽南野先生德》卷十七：「當時同門之言良知者，雖有淺深詳略之不同，而緒山、龍溪、東廓、洛村、明水皆守『已發未發非有二候，致知即所以致中』，獨轟雙江以『歸寂為宗，功夫在致中，而和即應之』，故同門環起難端，雙江往復良苦。微念菴，則雙江自傷其孤另矣」，頁361。

〔註61〕 《困辯錄·困辯錄序》，頁412右下左下。

握此主宰之後，就如銜勒在手一般，可以順利駕馭馬匹。

　　實際上這已經與聶雙江思想有所不同了，因為雙江的思想層次非常明確，所謂良知乃為「寂」，乃為「未發」，雖然用詞不同，但卻都是指唯一的心體、性體。而人之所以有善有惡，則是受到「已發」的影響，唯有「歸寂」後，方能從「未發」觀照「已發」，而已發「便自能」為善。因此雙江言：

> 體得未發氣象分明，則發時走作便自有轉頭處。人得天地之中以生，
> 中是心之本體。故識得本來面目，不為動處所擾。〔註62〕

是以從本體論而言，羅念菴在同意「未發」與「已發」二者有所分別外，又認為良知有「良與不良」之別，在此處顯然與雙江產生差異。不過就念菴論點而言，因為他講「主靜無欲」，故特別強調內向的修養，所以他提出這樣的本體論，倒是可以理解的。因此羅念菴曾如此言「收攝保聚」：

> 凡閒私雜念，私智俗欲，皆草惡具也。此件清虛完足，安樂鎮靜，大
> 牢醇酊，不啻是也。果能收斂翕聚，惟嬰兒保護，自能孩笑，自能飲
> 食，自能行走，豈容一毫人力安排。試於臨民時驗之，稍停詳妥貼，
> 言動喜怒，自是不差；稍周章忽略，便有可悔，從前為「良知時時見
> 在」一句誤卻，欠卻培養一段工夫，培養原屬收斂翕聚。〔註63〕

羅念菴的「收攝保聚說」，與雙江「歸寂說」主旨相同，其工夫重點皆在培養心體。他們都是透過實踐得以映證此工夫後，方才徹底肯認此項觀點。雙江在翠微山養病之時，雖然漸漸體認出「良知本寂」，但卻要一直到六十一歲時於獄中靜坐，方「忽見此心真體」；而念菴則是五十二歲時閉關靜坐而「徹悟仁體」〔註64〕。其中有個共同點，就是二人在見心體的當下，都是一種「頓悟」，

〔註62〕《雙江文集·答戴伯常》卷十，頁443左下。

〔註63〕《念菴文集·與尹道輿》卷三，原頁34。

〔註64〕《明儒學案·文莊羅念菴先生洪先》卷十八：「先生之學，始致力於踐履，中歸攝於寂靜，晚徹悟於仁體。……闢石蓮洞居之，默坐半榻間，不出戶者三年。事能前知，人或訝之，答曰：『是偶然，不足道。』王龍溪恐其專守枯靜，不達當機順應之妙，訪之於松原。問曰：『近日行持，比前何似？』先生曰：『往年尚多斷續，近來無有雜念。雜念漸少，即感應處便自順適。即如均賦一事，從六月至今半年，終日紛紛，未嘗敢厭倦，未嘗敢執著，未嘗敢放縱，未嘗敢張惶，惟恐一人不得其所。一切雜念不入，亦不見動靜二境，自謂此即是靜定功夫。非紐定默坐時是靜，到動應時便無著靜處也。』龍溪嗟歎而退。」頁388～389。筆者按，由此可見王龍溪對羅念菴此靜坐悟仁體之工夫，亦相當佩服，錢緒山亦有同論：「兄三年閉關，焚舟破釜，一戰成名，天下之太宇定矣。斯道屬兄，後學之慶也，珍重珍重！更得好心消盡，生死毀譽之念忘，

但是這種「頓悟」卻非禪宗所謂者，而是二人在平時養其心體，直到「頓悟」當下，即刻證明他們所對於良知的思維是為可行，因此對於自己所講「收攝保聚」或「歸寂」因為有所實證，故盡信不疑。

羅念菴的「收攝保聚說」明顯可見吸汲雙江思想，因此自然以為「心之本體至善也，然無善之可執。所謂善者，自明白，自周徧，是知是，非知非，如此而已。不學而能，不慮而知，順之而已」〔註65〕，是以由此而論，由至善者發而為者，自然必屬善，故主張「體用一源」概念：

> 寂然者一矣，無先後中外矣。然對感而言，寂其先也。以發而言，寂在中也。思固聖功之本，而周子以無思為言，是所以為思，誠也。思而無思，是謂研幾。常令此心寂然無為，便是戒懼。其所不睹不聞言戒懼，在本體上便覺隔越。《中庸》以慎獨為要。誠也，神也，幾也，獨也，一也，慎獨皆舉之矣。然須體周子分言之意。常知幾，即是致知，即是存義，到成熟時，便是知止，得所止，則知至矣。感無常，寂有常，寂其主也。周之靜，程之定，皆是物也。其曰「靜虛動直」，曰「靜定動定」，以時言也。時有動靜，寂無分於動靜，境有內外，寂無分於內外，然世之言無內外、無動靜者，多逐外而遺內，喜動而厭靜矣，是以析言之。〔註66〕

此段即羅念菴本體概念，對於寂感二者的定義，實與雙江並無二致，主張寂先於感，是以「得所止，則知至矣」，這段工夫就是「收攝保聚」。但是念菴卻以為在寂本身無分動靜內外，因為寂為一至善之體，因此對於龍溪所言「良知為未發之中，即是發而中節之和，此是千聖斬關第一義，所謂無前後內外渾然一體者也」〔註67〕卻是隱然表達贊同之意。然就雙江之論，寂為內為靜，感為外為動，因論：

> 良知本體，感於物而後有知。知其發也，不可遂以知發為良知，而忘其發之所自也。心主乎內，應於外，而後有外。外其影也，不可以其外應者為心，而遂求心於外也。故學者求道，自其主乎內之寂

則一體萬化之情願，盡乎仁者，如何如何？」出《王陽明全集·年譜·答論年譜書一》卷三十七，頁 1369。

〔註65〕 《明儒學案·文躬羅念菴先生洪先》卷十八，頁 391。
〔註66〕 《明儒學案·文躬羅念菴先生洪先》卷十八，頁 400。
〔註67〕 《龍谿王先生全集·致知議略》卷六，頁 444。

　　然者求之，使之寂而常定。〔註68〕

因此在良知無內外這點，雙江說法與念菴有所差異。因為念菴把「良」、「知」二者拆分而論，故雙江與念菴雖然都同意知乃「至善」，但雙江則以這種至善是處於內，由內以發外，才是「歸寂」說所講的「致良知」之方。但念菴則是認為良知本來至善，故掌握此良知而後發，不管未發或已發，都是籠罩在「至善」的範疇中，是以心自然無內外之分，對於內外動靜概念則未加諸於其本體論中。但也因念菴同意雙江講已發與未發有別，因此對於雙江「立體以達用」觀點表達贊同：

　　　　夫體能發用，用不離體，所謂體用一源也。今夫舟車譬則體也，往
　　　　來於水陸則其用也，欲泥一源之語，而惡學者之主寂，是猶舍車舟
　　　　而適江湖與康莊也，烏乎可！〔註69〕

因羅念菴亦對於寂感二者設有「時界」觀點，與雙江「立體以達用」之論同，故以此講體用，即同為「體用一源」觀點。

　　由此可見羅念菴思想，吸取雙江理念，而與雙江論學的過程中，卻又能夠有自我體驗，非全然同意雙江說法。但在二人皆同意「良知本寂」的前提下，建構出的理論系統使得虛寂一派的概念更加厚實，雖然以陽明良知以論其學說，出於師說者甚，然若就其思想而言，卻也是良知學一種異質的發展，並非「不得其門而入，恐勞擾攘一番而已」〔註70〕。

第四節　「歸寂說」的發展限制

　　聶雙江的「歸寂說」乃本陽明良知學而來，但其突出「寂」字，以「未發」為良知，就與陽明主張良知乃「先天之學」的方向相異，反而著重者為後天的工夫論，故曰：

　　　　良知本寂，感於物而後有知。知其發也，不可遂以知發為良知，而
　　　　忘其發之所自也。……故學問之道，自其主乎內之寂然者求之，使
　　　　之寂者常定也。〔註71〕

聶雙江明確地切割「已發」和「未發」，因而造成了王門諸子極大的論戰。但

〔註68〕《明儒學案・貞襄聶雙江先生豹》卷十七，頁374。
〔註69〕《明儒學案・文躬羅念菴先生洪先》卷十八，頁400。
〔註70〕《從陸象山到劉蕺山》，頁310。
〔註71〕《雙江文集・答歐陽南野》，卷十。

直就聶雙江「歸寂說」所論工夫系統，揉合道南學脈所主張的「主靜思想」，講究入門的靜坐實踐工夫，並以「未發」為持修工夫的依歸。「歸寂說」這條由陽明良知本體為本，透過「默坐澄心」工夫以實踐的思想脈絡，姑且不論聶雙江是否支解陽明義理，這套良知本體的工夫實踐論，層次井然，自有一番風采。然而若依聶雙江的「歸寂說」而行良知之實踐，實際上就可能產生了兩點發展的限制。

其一，王陽明的良知學乃是「心、性、理」同位的思想，因此在陽明所謂的「良知」中，就包含道德判斷與實踐這一層的道德義。可是聶雙江講歸寂，所謂的「寂」為「良知」，卻拋棄了道德判斷與實踐之義，因此對於陽明學發展而言，若依歸寂說之理路，將會窄化了陽明學。

其二，「歸寂說」乃是一存養工夫，認為只要透過並熟稔存養工夫，便可臻於「虛寂」的領域，「使此氣象常存而不失，則自此而發者，自然中節」〔註72〕，可見聶雙江對於人若回歸到「虛寂自然」後，而自然能「發而中節」。不過對於為什麼只要「歸寂」之後，未來的發展皆能按「良知」而行，聶雙江其實沒有深入的解釋。

一、「歸寂說」限制良知道德義的發展

不管依據雙江自己的說法，或根據陽明後學譜系，乃至於後人的歸納，就「歸寂說」而言，確實有陽明的思想脈絡可循。不過聶雙江之所以遭王門諸子交相詰難，亦是落在對於陽明良知學的轉化解釋，尤其是分裂體用，更是聶雙江與諸子往來論戰的重點。王陽明對於良知的解釋皆為「體用一源」的說法，認為良知本體的存在與活動二義應該是同時俱顯，合而言之，纔是良知，因此對於良知本身就有賦予其道德判斷與道德實踐的意義。所以當聶雙江拆解良知體用時，就同時將所有良知所具有的道德義去除了，因此產生了學說發展的限制性。

王陽明的思想則是直承孟子學而來，故其曰：

> 良知心之本體，即所謂性善也。未發之中也，寂然不動之體也，廓然大公也。〔註73〕

聶雙江十分喜用此段陽明之語，認為陽明本身其實就將良知置於「寂然不動」

〔註72〕《困辯錄・辯中》卷一，頁415右下。
〔註73〕《王陽明傳習錄詳註集評》，頁217。

的「未發之中」。不過聶雙江則無視於陽明此段文字的前引，陽明說「良知心之本體，即所謂性善也」的意義，實際上已賦予「良知」在道德上的定位，因此良知本體具有道德判斷之意義，不該只是哲學上純然的本體。

但聶雙江拆分了良知體用後，對於「寂感」二者，太過偏重「寂」的層面，而對於「感」則漠視其內涵，把現實中的良知感發，只認為是一種知覺的發顯：

> 程子云：「不睹不聞便是未發之中，說發便屬睹聞。」獨知是良知的
> 萌芽處，與良知似隔一塵。此處著功，雖與半路修行不同，要亦是半
> 路的路頭也。致虛守寂方是不睹不聞之學、歸根覆命之要。〔註74〕

雙江以為就算是「獨知」還是未能臻於良知之境，只是良知本體一時一端的發顯，是不完全的良知，既然不完全，自然不能夠和良知劃上等號，唯有「致虛守寂方是不睹不聞之學、歸根覆命之要」才可稱之為良知。如此一來，聶雙江即是將所有的感發都歸列於「知覺」，讓心體活動義全被忽略。因此龍溪才應之云：

> 良知即所謂未發之中，原是不睹不聞，原是莫見莫顯。明物察倫，
> 性體之覺，由仁義行，覺之自然也。顯微隱見，通一無二，在舜所
> 謂玄德自然之覺，即是虛、即是寂、即是無形無聲、即是虛明不動
> 之體、即為易之蘊。致者致此而已，守者守此而已，視聽於無者視
> 聽此而已，主宰者主宰此而已。止則感之專，悅則應之至，不離感
> 應而常寂然，故曰『觀其所感而天地之情可見矣』。今若以獨知為發
> 而屬於睹聞，別求一個虛明不動之體以為主宰，然後為歸復之學，
> 則其疑致知不足以盡聖學之蘊，特未之明言耳。〔註75〕

王龍溪在此處緊扣陽明良知乃涵道德判斷來梳理寂感之義，故謂「明物察倫，性體之覺，由仁義行，覺之自然也」指明了知覺得發動乃是根源於良知的道德判斷，因此聶雙江把所有的心體活動都當作是良知之外的「知覺」，不免「疑致知不足以盡聖學之蘊」。

就連一向將聶雙江「歸寂說」視為「霹靂手段」，極受雙江思想影響的羅念菴，在晚期的思想發展中，也對「歸寂說」做出了反省，〈甲寅夏遊記〉中有如此的詳述：

> 當時之為收攝保聚偏矣。蓋識吾心之本然者，猶未盡也。以為寂在
> 感先，寂由感發。夫謂感由寂發可也，然不免執寂有處；謂感在寂

〔註74〕《龍谿王先生全集·致知議辨》卷六，頁457～458。
〔註75〕《龍谿王先生全集·致知議辨》卷六，頁459～460。

先可也，然不免於指感有時。……自其常通微而言，謂之感，發微
而通，非逐外之謂也。寂非守內，故未可言處，以其能感故也，絕
感之寂，寂非真寂矣；感非逐外，故未可言時，以其本寂故也，離
寂之感，感非正感矣。此乃同出而異名，吾心之本然也。寂者一，
感者不一，是故有動有靜，有作有止。人知動作之為感矣，不知動
與靜，止與作之異者境也，而在吾心未嘗隨境異也。隨境有異，是
離寂之感矣。感而至於酬酢萬變，不可勝窮，而皆不在外乎通微，
是乃所謂幾也。〔註76〕

羅念菴接受了聶雙江「歸寂說」的思想，因而講「收攝保聚」，但是長期與王
龍溪等人進行對話，發展至晚期思想時，察覺到「歸寂說」發展的限制。若是
以「歸寂說」進行良知學的發展，在寂感分離的界限下，否定了所有知覺活動
的可能性，那麼就會把良知學收束在純然的「未發之中」，走向僅為內向的自
我修持，而非外推的使良知發顯。雖然羅念菴所講的「收攝保聚」，也可說是
一種「復性」的工夫，不過他在此時卻說「絕感之寂，寂非真寂矣」、「離寂之
感，感非正感矣」，適時的修正了自己的說法，同時也指出了「歸寂說」本身
的思想限制，因此在〈讀困辯錄抄序〉講「故收攝保聚可以言靜，而不可謂為
寂然之體；喜怒哀樂可以言時，而不可謂無未發之中。何也？心無時亦無體，
執見而後有可指也」〔註77〕即此意也。錢明在《陽明學的形成與發展》中的
批評切中正旨，他說：

羅念菴從聶雙江那裡接受過來的良知歸寂說，把認識活動和道德修
養視為純粹「向裡」的「漸入」過程，並以「歸寂」為「致良知」的
根本目的，使得本來「活潑潑」的良知本體還原為「寂然不動」、「隱
而未發」，毫無生命力和創造力的虛靜本體，這就明顯違背了王陽明
為學的初衷。〔註78〕

這也是王龍溪和歐陽南野等人反復與雙江討論「致知格物」問題的癥結點。甚
至聶雙江對於朱子「中和新說」的無視，也可以歸究於這個緣故。甚至一直到
了劉蕺山也有辨析之處，劉蕺山雖亦受雙江思想影響，卻轉「歸寂」而為「慎
獨」之說：

〔註76〕《明儒學案·文恭羅念菴先生洪先》卷十八，頁416～417。
〔註77〕《明儒學案·文恭羅念菴先生洪先》卷十八，頁422。
〔註78〕錢明：《陽明學的形成與發展》（南京：江蘇古籍出版社，2002年），頁205。

> 無極而太極，獨之體也。動而生陽，即喜怒哀樂未發謂之中，靜而
> 生陰，即發而皆中節謂之和。才動於中，即發於外，發於外，則無
> 事矣，是謂動極複靜，才發於外，即止於中，止於中，則有本矣，
> 是謂靜極複動。一動一靜，互為其根，分陰分陽，兩儀立焉。若謂
> 有時而動，因感乃生，有時而靜，與感俱滅，則性有時而生滅矣。
> 蓋時位不能無動靜，而性體不與時位為推遷，故君子戒懼於不睹不
> 聞，何時位動靜之有？〔註79〕

劉蕺山肯定「不睹不聞」的工夫，不過「一動一靜，互為其根，分陰分陽，兩
儀立焉」，天下萬物的組成都有反正二面，動靜二者正是此例，由此見已發未
發，當然是良知的共同組成。因此即便劉蕺山受到了「歸寂說」的影響，亦同
時認為要對這樣的工夫採取「戒懼」的態度。

二、「歸寂說」剝離良知實體義

　　既然聶雙江「歸寂說」未能把良知的道德義予以妥當的連結，那麼在一切
講究回歸「虛寂」的工夫論下，從「未發」為始點而自成的「已發」，所呈現
的道德觀點就產生了一個疑問，即不涵道德義的純然本體，就會和已形成「知
覺」脫鉤，良知的實體義就會剝離。試見雙江〈辯心〉：

> 平旦之氣，便是未發之中。常存此虛明氣象而不牿亡，於旦畫之所
> 為，便是得其所養也。知夜氣而後知心之本體，知本體而後知養之
> 之法。〔註80〕

孟子「夜氣說」，實乃根據「性善」觀點而論，認為人性的萌芽處就有「善因」，
因此孟子肯認了本體的道德義。而陽明學直承孟子學而來，對於夜氣的觀點，
王陽明亦表同意，只是他更加認為「良知」不該只是原地踏步的「存養」，「致」
的工夫一樣不可忽略。不過雙江則是認為夜氣的存養才是致良知的關鍵，因此
特重「歸寂」法門。而這種想法在與陽明通信問學時就有其根，是以王陽明在
〈答聶文蔚〉第二書中從如此提醒雙江：

> 夫必有事焉，只是集義。集義只是致良知。說集義則一時未見頭惱。
> 說致良知即當下便有實地步可用功。故區區專說致良知。〔註81〕

〔註79〕《明儒學案・蕺山學案》卷六十二，頁1517～1518。
〔註80〕《困辯錄・辯心》卷三，頁430左下～431右上。
〔註81〕《王陽明傳習錄詳註集評》，頁268。

在王陽明的良知學上，「致良知」之所以是其重點，是因為陽明直承孟子，肯定性善論點，所以「其工夫全在必有事焉上用。勿忘勿助，只就其間提撕警覺而已」〔註82〕。不過雙江卻以「集義」之「集」作為斂聚之義，因而講：「集猶斂集也，退藏於密，以敦萬化之原，由是感而遂通，沛然莫之能禦，猶草木之有生意也。」〔註83〕雖為雙江看到若在發用動作處用工夫，就會陷在嚴重的「助長」泥淖之中，故有「勿助勿長」之思，不過這就支解了陽明本義了。因此但衡今釋《傳習錄》第一百八十七條語可為之評：

> 陽明以孟云集義所生，說明致良知之功。以良知之間斷與否，說明必有事焉，勿忘勿助之功。推而至于格物、誠意、正心，皆有實地工夫可用，條理分明。用以破當時單提勿忘勿助而煮空鍋者之迷。無有不恍然而目悟者也。至所云「集義只是至良知」，陽明取以說明必有事焉，與致字之功。不必以其致良知之學，即孟子所謂集義也，不可不辨。〔註84〕

因而可以見得聶雙江的思考，實是困於「歸寂說」把良知實體義剝離，因而將「寂」的本體過分提高，變得除了「歸寂」之外，其餘「已發」的行為都無法進行「致良知」的活動。

從聶雙江「歸寂說」的理論形成來看，「歸寂」是其理論的目標核心，而「主靜」思想則為其依據。因此就「主靜」思想而論，由陳白沙開始上溯，以至於整個道南學脈，對於本體而言，無不包含實體義。就其思想脈絡而言，理學則是宋明新儒學的發展，因此儒家所特重的道德倫理必然存在於思想中心。聶雙江卻從「歸寂說」出發，將良知拉拔到唯有努力的自我修持，才可以抵達的境地，儒家講究道德倫理的根源，在這學說中就大大被削弱了。

雖然說上述兩點可以見到聶雙江對於陽明學根本的掌握不深，不過這兩點限制是立足在良知學以「歸寂說」為發展的脈絡上，因此將其對當代思想界的「功能性」予以排除。若加入當代思想發展的局面來看，陽明之後，王門諸子幾乎把持了當代的思想界，因此聶雙江「歸寂說」對於陽明學說的詮釋，因而所掀起的思潮，其實是一種良性的思想發展。

〔註82〕《王陽明傳習錄詳註集評》，頁266。
〔註83〕《困辯錄‧辯心》卷三，頁433右上。
〔註84〕《王陽明傳習錄詳註集評》，頁268～269。

第五章　結　論

　　在近代陽明學的研究中，陽明後學總有分派問題，在《明儒學案》中以地域分浙中、泰州、江右三派。岡田武彥等日本學界學者則以學說分現成、修證、歸寂三派。大陸學界分派更雜，有屠承先分之六派〔註1〕，又有錢明分為五派〔註2〕。分派問題從王龍溪開始實際上就以存在〔註3〕，只是至今亦未得共識。錢明在《陽明學的形成與發展》歸納這些說法，可離析為幾個分類重點，其一，文化地域分類法，此可以黃宗羲於《明儒學案》中之分類為例。其二，社會政治分類法，以龍溪、心齋使王學向左發展，流為狂禪派，而雙江、念菴則使王學向右發展，成為後來王學各種修正思想之前趨。其三，學術思想分類法，諸如日本與大陸學者之分類，皆屬此類分類法〔註4〕。筆者同意錢明分類法之歸

〔註1〕筆者按，屠承先分王學為六派：絕對派、虛無派、日用派、主靜派、主敬派、主事派。見屠承先：〈陽明學派的本體工夫論〉（《中國社會科學》，第六期，1990年），頁130。

〔註2〕筆者按，錢明分王學為五派：虛無派、日用派、主敬派、主靜派、主事派。見錢明：《陽明學的形成與發展》（南京：江蘇古籍出版社，2002年），頁115。

〔註3〕筆者按，王龍溪的分派觀點如下：「凡在同門得於見聞之所及者，雖良知宗說不敢有違，未免各以其性之所近，擬議攙和，紛成異見。有謂良知非覺照，須本於歸寂而始得。如鏡之照物，明體寂然而妍媸自辨，滯於照，則明反眩矣。有謂良知無見成，由於修證而始全。如金之在礦，非火符鍛鍊，則金不可得而成也。有謂良知是從已發立教，非未發無知之本旨。有謂良知本來無欲，直心以動，無不是道，不待復加銷欲之功。有謂學有主宰，有流行。主宰所以立性，流行所以立命，而以良知分體用。有謂學貴循序，求之有本末，得之無內外，而以致知別始終。此皆論學同異之見，差若毫釐，而其謬乃至千里，不容以不辨者。」在王龍溪觀點中，王學分派乃勢必有之，因為「未免各以其性之所近，擬議攙和，紛成異見」，故龍溪承認王學的確有學說上的分派。文見《龍溪集·撫州擬峴台會語》卷一，頁163～164。

〔註4〕筆者按，以上分類法見錢明：《陽明學的形成與發展》（南京：江蘇古籍出版社，2002年），頁113～115。

納，亦以為以學術思想分類法分派為最良者。

不過若就王學其論而言，實際上聶雙江將陽明分為「知覺」與「虛靈」則已足矣，黃宗羲所言可為之證：

> 當時同門之言良知者，雖有淺深詳略之不同，而緒山、龍溪、東廓、洛村、明水皆守「已發未發非有二候，致知即所以致中」，獨聶雙江以「歸寂為宗，功夫在致中，而和即應之」，故同門環起難端，雙江往復良苦。微念菴，則雙江自傷其孤另矣。〔註5〕

就王門諸子對於陽明良知之理解而論，可以「已發未發非有二候，致知即所以致中」為分水嶺，贊同此說者，雖其說有所不一，但僅為小異，唯有講在已發別求未發，良知本寂的聶雙江與羅念菴為另類。直觀陽明良知之說，雙江所講的確非陽明本意，故有部份學者如牟宗三、勞思光，由陽明致良知解雙江「歸寂說」，皆多批評之論。

本文則由雙江之學以論「歸寂說」，試圖將聶雙江之思想單獨論之。故第一章主要討論方向呈現本論文的研究方向等等前置作業問題。第一節介紹近人對於聶雙江之研究，以完整的論文或書籍介紹為主，例如：林月惠的《良知學的轉折──聶雙江與羅念菴思想之研究》、大陸學者吳震的《聶豹、羅洪先評傳》等等書籍，以其了解近人對雙江先生的研究主題概況。第二節則進入本論文的研究方向與方法之呈現，本論文最主要的議題是在聶雙江哲學理論中的「歸寂說」思想之研究，並旁及當時聶雙江與時人的哲學辯論。第三節則是介紹本論文的預期研究成果研究價值。

第二章則以論聶雙江之「仕」、「學」、「悟」三者。雙江之「仕」可為其講「歸寂說」之實證經歷，因為雙江所在乎者乃「學以致仕方為所用」的實務思考，因此他以仕進為避諱，任官後亦頗有政聲〔註6〕，而此即可視為雙江實踐歸寂說的證明。至於雙江之學，本文提出他曾為督學邵寶取為弟子員，明代社學系統中，常常是以吏為師，故筆者經由資料推論，雙江之所以熟習並用程朱之學於歸寂說中，即因邵寶「學以洛、閩為的」，加上當時邵寶親取為弟子員，故雙江之學應由程朱學入手。雙江之「悟」則講其後來從學陽明良知說，

〔註5〕《明儒學案‧文莊歐陽南野先生德》卷十七，頁361。
〔註6〕《明儒學案‧貞襄聶雙江先生豹》卷十七，「知華亭縣，清乾沒一萬八千金，以補逋賦，修水利，與學校。……召入為御史、劾奏大奄及柄臣，有能諫名。……知平陽府，修關練卒，先事以待，寇至不敢入。……尋陞尚書，累以邊功加至太子少傅。」，頁371～372。

在翠微養病之時，從研習《大學》漸悟「虛寂之旨」，故「雖父師之言，不敢苟從」，自己的思想慢慢形成氣候。到了六十一歲被逮下獄，在獄中「乎見此心真體」，從此之後便以為「天下之理皆從此出」，至此以後，一生皆從事良知歸寂之研究。

第三章是本文重心，由歸寂說之源起進入，基本接續第二章雙江之「悟」而論。隨後則是論「歸寂說」之基本架構。由於雙江的「歸寂說」，依然是由陽明良知學以得悟，故多半是基於陽明良知學的再解釋，而這種再解釋還援用了程朱學說，依此而講良知乃未發之中，已發則受未發之宰制。「歸寂說」之開展，其基本圖像就是陽明良知學的開展，透過聶雙江對陽明學的詮釋，使「寂」成為良知之重心，其中涉及了援引周濂溪以至於朱子之說，使「靜」的觀念融於其說。並與王龍溪交涉「致知」之說，讓整體思想更為縝密。最後論及實踐工夫，乃由「靜坐」以入門，「較之龍溪之籠統講一『悟』字，反見踏實」〔註7〕。

第四章論「歸寂說」之諍議，尤其是與王龍溪之辯論，實際上可見二人之論，若就個人思想而言，實乃旗鼓相當，龍溪對於「歸寂說」之批評，若除去陽明良知學的背景概念，實無以為據。更有羅念菴贊同「歸寂說」概念而講「收攝保聚說」，然而雖然念菴贊同雙江「歸寂說」，不過其「收攝保聚說」卻也未必全從雙江，可說是雙江「歸寂說」開啟「良知本寂」的思考以後，讓後學者有另一思考良知發展的方向。不過雙江思想亦有其發展限制處，因為「歸寂說」忽略了良知本體的道德義，因而讓良知本體的實體義脫落，形成了發展的侷限。

從此四章之歸納可以得知，聶雙江「歸寂說」不單單祇是一種陽明學的變化，更是一種良性的異質發展，其發展可以歸納成以下二點：

一、試圖調和程朱與陸王思想，圖救王學之弊

在陽明之前，程朱以講「涵養須用敬，進學在致知」，使理學的工夫論發展到極致，當時陸象山雖講「心即理」，又與朱子會於鵝湖，欲調和理學與心學之論，卻徒然無功，而也未能扭轉當時論學風氣。直至王陽明提出「致良知」之說，由於這種說法轉向心性論，加上工夫論發展至極，因而學界反動，心學在王陽明手上大盛，自陽明歿後，學者多從陽明之說，此點可由《明儒學案》

〔註7〕勞思光：《中國哲學史（三）》（台北：三民書局，2001年），頁476。

中，王門弟子佔全書五分之三、四可見。

然而「致良知」之說，雖然接近於孟子「性善」論之本意，認為「推致」人本身所有的善性，事事物物皆可自然為善，但是由於其過於忽略工夫論，現成派與修證派的末流甚至演為「狂禪」〔註8〕。

聶雙江正是預見了此情狀，故「歸寂說」有部份即為救王學之弊而發：

> 問：「良知之學何如？」曰：「此是王門相傳指訣。先師以世之學者，率以無所不知、無所不能為聖人，以有所不知不能為儒者所深恥，一切入手，便從多學而識，考索記誦上鑽研，勞苦纏絆，擔閣了天下無限好資質的人，乃謂『良知自知致而養之，不待學慮，千變萬化，皆由此出。』孟子所謂不學不慮，愛親敬長，蓋指良知之發用流行，切近精實處，而不悟者，遂以愛敬為良知，著在支節上求，雖極高手，不免賺入邪魔蹊徑，到底只從霸學裏改換頭目出來。蓋孩提之愛敬，即道心也，一本其純一未發，自然流行，而纖毫思慮營欲不與。故致良知者，只養這箇純一未發的本體。本體複則萬物備，所謂立天下之大本。先師云：『良知是未發之中，廓然大公的本體，便自能感而遂通，便自能物來順應。』此是《傳習錄》中正法眼藏，而誤以知覺為良知，無故為霸學張一赤幟，與邊見外修何異？而自畔其師說遠矣！」〔註9〕

聶雙江此段言論正中王學流弊，因為王陽明講「致良知」即近於佛學「頓悟」概念，因而不熟陽明義理者，時會走入此歪路，「到底只從霸學裏改換頭目出來」，因此主張致良知者，「只養這箇純一未發的本體」。因此陽明良知學為基礎，提出「歸寂說」，而「歸寂說」正是「致良知」的一種工夫。

「歸寂說」的提出，使得「致良知」有了一種循序漸進的法門，因為其入門工夫乃由「靜坐」始。「靜坐」乃源自於雙江的「主靜」思想，而雙江的「主

〔註8〕毛文芳：「『狂禪』，原是一種偏差的修行風格，在明代後期的出現，不僅是一個禪學範疇的名詞，更是思想界、文化界特殊風氣的指涉。焦竑廁身於泰州學派之林，李贄的成學亦以龍溪、泰州諸子為師，『狂禪』在晚明這兩位風雲人物的身上，絕對不是倏地發生，必與兩人背後整個學術環境臍帶相連。因此，將『狂禪』放回到明代王學之後，特別是龍溪、泰州之學中觀察，實為瞭解『狂禪』形成之來龍去脈的必要路徑。」見〈晚明「狂禪」探論〉（《漢學研究第十九卷第二期》，2001年），頁171。

〔註9〕《明儒學案・貞襄聶雙江先生豹》卷十七，頁385～386。

靜」思想明顯由朱子思想中演來，因此在《困辯錄‧辯中》一篇，引用了三則朱子言論來釋明其「主靜」思想〔註10〕，進而確認了「歸寂說」乃由「靜坐」入路，「持敬」以得「天地之心」的工夫過程。這個過程雙江以自己得儒學「道統」，「歸寂說」的工夫過程，得以借程朱思想確立之。

不過因此受到同門非難也是事實，因為朱子此說為「涵養工夫」，並非良知本原之論，故陳明水所言為是：

> 昔晦翁以戒懼為涵養本原，為未發，為致中，以慎獨為察識端倪，
> 為已發，為致和，兼修交養，似若精密，而強析動靜作兩項工夫，
> 不歸精一。今吾丈以察識端倪為第二義，獨取其涵養本原之說，已
> 掃支離之弊。但吾丈又將感應發用，另作一層在後面看，若從此發
> 生流出者，則所謂毫釐之差爾。夫不睹不聞之獨，即莫見莫顯，乃
> 本體自然之明覺，發而未發，動而無動者也，以為未發之中可也。

〔註10〕 筆者按，聶雙江在〈辯中〉一文中引用朱子言論三則如下：「初，龜山先生唱道東南，士之遊奇門者甚眾。然語其潛思力行、任重詣極如羅公，蓋一人而已。先生既從之學，講誦之餘，危坐終日，以驗夫喜怒哀樂未發之前氣象為如何，而求所謂中者。若是者蓋久之，而知天下之大本真有在乎是也。蓋天下是理，無不由是而出，既得其本，則凡出於此者，雖品節萬殊，曲折萬變，莫不該攝洞貫，以次融釋而各有條理，如川流脈絡之不可亂。」《朱子全書（二十五）‧晦庵先生朱文公文集‧延平先生李公行狀》卷九十七（上海：上海古籍出版社，2002 年），頁 4517～4518。又：「李先生教人，大抵令於靜中體認大本未發時氣象分明，即處事應物，自然中節。此是龜山門下相傳指訣。然當時親炙之時貪聽講論，又方竊好章句訓詁之習，不得盡心於此。畢竟無一的實見處，辜負教育之恩。每一念此，未嘗不愧汗沾衣也。」《朱子全書（二十二）‧晦庵先生朱文公文集‧答何叔京二》卷四十，頁 1082。又：「未發之中，本體自然不須窮索，但當此之時，敬以持之，使此氣象常存而不失，則自此而發者，其必中節矣。此是日用之際本領工夫。其曰『卻於已發之處觀之』者，所以察其端倪之動，以致擴充之功也。一不中則非性之本，然而心之道或幾乎息矣。故程子於此，每以『敬而無失』為言。敬而無失，便是中（筆者按，原文無此，依雙江引文多此句）。又云：『人道莫如敬，未有能致知而不在敬者。』又曰：『涵養須用敬，進學則在致知。』以事言之，則有動有靜。以心言之，則周流貫徹，其工夫初無間斷也，但以靜為本爾。（此有註云：周子所謂主靜者亦是此意，但言靜則偏，故程子只說敬）向來講論思索，直以心為已發，而所論致知格物，亦以察識端倪為初下手處，以故缺卻平日涵養一段工夫。其日用意趣，常偏於動，無復深潛純一之味，而其發之言語事為之間，亦多躁迫浮露，無復古聖賢氣象。由所見之偏而然爾。」筆者按，雙江所引此段文字與朱子原文頗多不同，此為朱子原文，出《朱子全書（二十三）‧晦庵先生朱文公文集‧已發未發說》卷六十七，頁 3268。

> 既曰「戒慎」，曰「恐懼」，於是乎致力用功矣，而猶謂之未感未發，
> 其可乎哉？〔註11〕

雙江引用程朱學以為陽明心學之入路工夫，有個極大的瑕疵就是使得本體論與工夫論二者相混，既為工夫又為本體，在陽明良知學中是個嚴重的缺失。但是論雙江本意，「歸寂說」已是一種「致良知」的工夫，而「歸寂」須有入門方法，雙江找到的入門方法則是「靜坐」，因而主「靜以持敬」，熟手後自然得見「寂體」。雙江的思維正式此一理路，因此若以雙江思想為宗，由涵養「敬」的觀念以見「寂體」是不相衝突的。這理路比起現成派講的「良知現成」更加的具體，正提供一條「致良知」的方便法門，讓學者執而不迷。雙江又曰：

> 感而遂通者神也，未之或知者也。知此者謂之助長，忘此者謂之無
> 為，擴充云者，蓋亦自其未發者，充之以極其量，是之謂精義以致
> 用也。發而後充，離道遠矣。〔註12〕

因為雙江之所以「勿忘勿助」，是見到了若在發動處用工夫，就會陷於嚴重的助長之弊，是以為救其弊，用工夫的地方應當為未發才是。以「持敬」得見「天地之心」，再由天地之心照見發動，則事事物物自然得正，這才是良知之正道。

　　是以可謂雙江見到心學末流可能產生之弊，因而「歸寂說」乃以陽明良知學為宗，而以程朱學為工夫，試圖調和二者以救其弊。而歸寂派，或說是江右派，自雙江起，「不斷地對陽明學派內部不同的良知詮釋與講學風格進行反省」，到了晚明，這股學術風氣更引導江右學派針對「『從妙悟而略躬行、崇虛寂而蔑理法、多虛談而鮮實行』的學術風尚，主要的對象就是深受禪學影響的浙中講學，以及加入李贄因素後的泰州講學」〔註13〕進行檢討。故雙江講「良知本寂」，實乃一番苦心，且對陽明學本身而言，則成為了一股良善的刺激。

二、開「慎獨」思想源頭

　　承上節之論，雙江提出「歸寂說」有部份原因即是反對王龍溪講「見在良知」，而且將「虛靈」與「知覺」二者分割，以「知覺」論龍溪之說。雙江論「知覺」所採角度為「若乃今之以知覺為良知者，特緣情流注，逐物變遷」〔註14〕與

〔註11〕　《明儒學案·郎中陳明水先生九川》卷十九，頁463。
〔註12〕　《明儒學案·貞襄聶雙江先生豹》卷十七，頁379～380。
〔註13〕　筆者按，本段二引文皆出於呂妙芬：《陽明學士人社群──歷史、思想與實踐》
　　　　　（台北：中研院近史所，2003年），頁391。
〔註14〕　《雙江文集·答唐荊川二》卷八，頁413右上。

朱子「知覺運動」〔註15〕亦含相當，加上雙江又言：「二氣氤氳，於穆不已，純粹至善，天地之性也，形而後有氣質之性，則不能無偏倚駁雜之弊。」〔註16〕實以與朱子之說相接壤，距陽明之說較龍溪等親炙者為遠。不過「歸寂說」也因此而得以有其發展餘地，因為雙江對於「知覺」的定義，乃為「隨物變遷」，故在「知覺」之上必有一物以主之，此即「未發之中」。

　　基於此理，雙江必須設計一套「歸寂」的進程，此即雙江強調的「靜坐工夫」，而且此工夫尚得養到「熟處」，才能夠時時體得未發氣象：

> 故靜養一段工夫，更無歇手處。靜此養，動亦此養，除此更別無養。
> 除此而別有所養者，未有不流為助長之宋人也。動靜無心，內外兩
> 忘，不見有炯然之體，此是靜養工夫到熟處。不可預期，預期則反
> 為所養之害。〔註17〕

這種存養工夫不可為之間斷，才能夠至於良知境界。因此這個過程是一種相當嚴謹的態度，須兢兢業業的去從事，才能夠有所成。但也不可有動機，因為「不可預期，預期則反為所養之害」，所以「歸寂」工夫的修為過程是相當辛苦的，雙江亦因此言「戒慎恐懼」之功：

> 戒謹恐懼，堯舜湯武之兢業祗畏是也。不睹不聞，便是未發之中，
> 常存此體，便是戒懼。去耳目支離之用，全虛圓不測之神，睹聞何
> 有哉？不聞曰隱，不睹曰微，隱微曰獨，莫見莫顯，誠之不可掩也。
> 慎獨云者，言戒謹恐懼，非他人所能與，退藏於密，鬼神莫窺，其
> 際是獨也。〔註18〕

以此為善養本體之功，引出「慎獨」之說：

〔註15〕　《朱子語類‧性理一》卷四：「是以先生於《大學或問》因謂：『以其理而言之，
　　　　　則萬物一原，固無人物貴賤之殊；以其氣而言之，則得其正且通者為人，得其
　　　　　偏且塞者為物；是以或貴或賤而有所不能齊』者，蓋以此也。然其氣雖有不
　　　　　齊，而得之以有生者，在人物莫不皆有理；雖有所謂同，而得之以為性者，人
　　　　　則獨異於物。故為知覺，為運動者，此氣也；為仁義，為禮智者，此理也。知
　　　　　覺運動，人能之，物亦能之；而仁義禮智，則物固有之，而豈能全之乎！今告
　　　　　子乃欲指其氣而遺其理，梏於其同者，而不知其所謂異者，此所以見辟於孟
　　　　　子。」（上海：上海古籍出版社，《朱子全書》本，2002 年），頁 186。
〔註16〕　《困辯錄‧辯神》卷七，頁 461 右上。
〔註17〕　《雙江文集‧答歐陽南野》卷八，頁 395 左下。
〔註18〕　聶豹撰，羅洪先批註：《雙江先生困辯錄》卷一（南京市博物館藏明刻本，收
　　　　　於《四庫全書存目叢書‧子部九》，台北：莊嚴文化，1997 年），頁 414 左上
　　　　　右下。以下引自此書者，不再重複記錄此書書名，僅載《困辯錄》與頁碼。

慎其獨者，不矜不驕，而自有之謙，深誠之至也。……君子必慎其
獨者，乃所以昭君子之謙沖，小人之詭詐，以明其誠也。〔註19〕

依雙江思想，「『獨』即是『未發之中』，不聞之隱，不睹之微，天下之大本也。」
〔註20〕，所以慎其獨者，乃在養其「未發之中」。「未發之中」則至善也，故於
君子則自謙之謂。然戴伯常以「獨」為「知覺」，認為所謂「獨知」已為「良
知」，何以另立「獨」者，為「良知」，此為「架床疊屋」〔註21〕之舉。但雙江
以為「獨」與「獨知」乃為二義：

誠意本於知致，故君子必慎其獨。獨，知〔註22〕也，慎獨即致知也。
以是見誠意致知格物是一串工夫本無闕，文闕補而蛇生足矣。蛇生
足，而蛇之本體，失其傳之訛也久矣。〔註23〕

此乃駁朱子對《中庸》：「君子慎其獨也。」之注文：「獨者，人所不知而已所
獨知之地。」因為朱子亦將「獨」解為「知覺」意，故雙江駁之。而雙江意欲
恢復《中庸》本意，是以解「慎獨」為「致知」。此乃一陽明學中驚艷思辨，
因為雙江既不採朱子之說，亦不為陽明由「意念之微」理解「慎獨」意義所左
右，並以此向王龍溪說明：

獨知是良知的萌芽處，與良知似隔一塵，此處著功，雖與半路脩行
者不同，要亦半路的路頭也。〔註24〕

此處別出「獨」與「獨知」的不同處，因為「獨知」已感於物，即周濂溪所謂
「幾」者，是善惡的發念處，故非雙江所言之「未發」。就此而言，雙江本身
思路就是要點醒人勿忽略學問之功，踏實以致，皆可達於良知之境。而羅念菴
講「主靜無欲」，其部份要旨亦來自於此：

吾心之知無時或息，即所謂事狀之萌應，亦無時不有。若諸念皆泯，
炯然中存，亦即吾之一事，此處不令他意攙和，即是必有事焉，又

〔註19〕《雙江文集‧答戴伯常》卷十，頁446右上。
〔註20〕《雙江文集‧答陳明水》卷十一，頁486左上。
〔註21〕《雙江文集‧答戴伯常》卷十：「又曰：『自戒懼而約之，以至於至靜中謹獨精
　　　　矣。』又曰：『自謹獨而精之，則是謹獨時猶有未精在。』似不免架床疊屋，
　　　　文公開示來學之心，過於精切而反困之也。遂至與明道之論矛盾，而不自覺毀
　　　　經畔傳，亦今世學者大病。」，頁445右下。
〔註22〕筆者按，此處所謂「知」，乃為「良知」之謂，故後雙江綴之為「慎獨即致知
　　　　也」一句。
〔註23〕《雙江文集‧答戴伯常》卷十，頁446右下左下。
〔註24〕《雙江文集‧答王龍溪》卷十一，頁478左下。

> 何莽蕩之足慮哉？此等辨別，言不能悉，要在默坐澄心，耳目之不
> 入，自尋自索，自悟自解，使見靚面相見也。〔註25〕

因為靜坐乃是一種自我的探索，而念菴所言「主靜無欲」其靜坐工夫，至於無欲以見寂體，其實就是「慎獨」的一種實踐，故說其部份要旨亦來自於雙江「慎獨」觀點之解釋。而「慎獨」之說到了劉蕺山手上，更成為改造王學王流的利器。

前節言及王學末流「猖狂者自是猖狂，混雜者自是混雜」〔註26〕，故劉蕺山言：

> 性情之德，有即心而見者，有離心而見者。即心而言，則寂然不動，
> 感而遂通，當喜而喜，當怒而怒，哀樂亦然。由中道和，有前後際，
> 而實非判然分為二時。離心而言，則維天於穆，一氣流行，自喜而
> 樂，自樂而怒，自怒而哀，自哀而複喜。由中道和，有顯微際，而
> 亦截然分為兩在。然即心離心，總見此心之妙，而心與性不可以分
> 合言也。〔註27〕

蕺山之論言「即心離心，總見此心之妙」，可見其說亦以「心」為主體，自然不同於朱子之論。但蕺山分設心性，進路與陸王解良知便說至極亦不同，故自為一家。但是觀察其思想進路，其言「即心而言，則寂然不動，感而遂通」與「離心而言，則維天於穆，一氣流行」似由雙江之論以出。《明儒學案》錄：

> 先生之學，以慎獨為宗，儒者人人言慎獨，唯先生始得其真。盈天
> 地間皆氣也，其在人心，一氣之流行，誠通誠復，自然分為喜怒哀
> 樂、仁義禮智之名，因此而起者也。不待安排品節，自能不過其則，
> 即中和也。〔註28〕

此段文字將劉蕺山之學盡道之，然觀其慎獨之說，其謂「盈天地間皆氣也，其在人心，一氣之流行，誠通誠復，自然分為喜怒哀樂、仁義禮智之名」，不即是雙江「此未發之中也，守是不失，天下之理皆從此出矣」之變相，加上蕺山批評朱子注「慎獨」之角度：「朱子於獨字下補一知字，可為擴前聖所未發，然專以屬之動念邊事，何耶？豈靜中無知乎？使知有間於動靜，則不得謂之知

〔註25〕《念菴文集‧答劉月川》卷三，頁16。
〔註26〕《從陸象山到劉蕺山》，頁452。
〔註27〕《明儒學案‧蕺山學案》卷六十二，頁1522。
〔註28〕《明儒學案‧蕺山學案》卷六十二，頁1512。

矣。」〔註29〕亦與雙江觀點類同。雖然劉蕺山之學其精微處自與聶雙江有別，但其說受雙江之影響，則不可忽略。故黃宗羲言江右之學乃「為之救正（王學），故不至十分決裂」〔註30〕，實是對聶雙江「歸寂說」的一句公評。

聶雙江「歸寂說」的提出，也許對於「良知」的概念並非全為陽明思路，但是這種發展卻是活化了王學內部的思辨，因此這種異質的發展，亦有正面的刺激性質，不可全盤的否認。

〔註29〕 《明儒學案・蕺山學案》卷六十二，頁 1525。
〔註30〕 《明儒學案・泰州學案一》卷三十二，頁 703。

參考書目

一、古籍文獻（以作者年代排序）

1. 歐陽修，宋祁：《新唐書》（台北：鼎文書局景印校勘本，1976 年）。

2. 周敦頤：《周濂溪集》（台北：台灣商務印書館，正誼堂全書本，1966 年）。

3. 程顥、程頤：《二程集》（台北：里仁書局校勘本，1982 年）。

4. 程頤：《易程傳》（台北：文津出版社，1987 年）。

5. 朱熹著，黎靖德編：《朱子語類》（台北：文津出版社，1986 年）。

6. 朱熹：《朱子語類》（上海：上海古籍出版社，《朱子全書》本，2002 年）。

7. 朱熹：《四書章句集注》（上海：上海古籍出版社，《朱子全書》本，2002 年）。

8. 朱熹：《延平答問》（上海：上海古籍出版社，《朱子全書》本，2002 年）。

9. 朱熹：《晦庵先生朱文公文集》（上海：上海古籍出版社，《朱子全書》本，2002 年）。

10. 朱熹：《朱熹集》（四川：四川教育出版社校勘本，1996 年）。

11. 朱熹集註，蔣伯潛廣解：《四書廣解》（台北：啟明書局，無著錄出版年代）。

12. 陳獻章：《白沙子全集》（台北：河洛圖書出版社，乾隆辛卯年刻板碧玉樓藏板，1974 年）。

13. 王守仁撰，吳光、錢明、董平、姚延福編校：《王陽明全集》（上海：上海古籍出版社，1992 年）。

14. 湛若水：《湛甘泉先生文集》（山西大學圖書館藏，清康熙二十年黃楷刻本，收於《四庫全書存目叢書‧集部五十六》，台北：莊嚴文化，1997 年）。

15. 王畿著，岡田武彥、荒木見悟主編：《龍谿王先生全集‧致知議辨》（台北：廣文書局，和刻近世漢籍叢書本，1975 年）。

16. 歐陽德：《歐陽南野先生文集》（北京大學圖書館藏，明嘉靖三十七年梁汝魁刻本，收於《四庫全書存目叢書‧集部八十》，台北：莊嚴文化，1997 年）。

17. 聶豹：《雙江聶先生文集》（北京大學圖書館藏，明嘉靖四十三年吳鳳瑞刻隆慶六年印本，收於《四庫全書存目叢書‧集部七十二》，台北：莊嚴文化，1997 年）。

18. 吳相湘主編：《國朝獻徵錄》（台北：學生書局景印本，1964 年）。

19. 聶豹著，吳可為編校整理：《聶豹集》（南京：鳳凰出版社，2007 年）。

20. 聶豹撰，羅洪先批註：《雙江先生困辯錄》（南京市博物館藏明刻本，收於《四庫全書存目叢書‧子部一百一十六》，台北：莊嚴文化，1997 年）。

21. 羅洪先：《念菴文集》（台北：商務印書館，文淵閣景印本，1974 年）。

22. 羅洪先著，徐儒宗編校整理：《羅洪先集》（南京：鳳凰出版社，2007 年）。

23. 王時槐：《塘南王先生友慶堂合稿》（清華大學圖書館藏，清光緒三十三年重刻本，收於《四庫全書存目叢書‧集部一百一十四》，台北：莊嚴文化，1997 年）。

24. 宋儀望：《華陽館文集》（北京大學圖書館藏，清道光二十三年宋氏中和堂刻本，收於《四庫全書存目叢書‧集部一百一十六》，台北：莊嚴文化，1997 年）。

25. 黃宗羲：《明儒學案》（台北：里仁書局校勘本，1987 年）。

26. 黃宗羲著，清全祖望補，清王梓材、馮雲濠、何紹基校：《宋元學案》（台北：世界書局，1991 年）。

27. 張廷玉等撰：《明史》（台北：鼎文書局，乾隆四年刻校本，1975 年）。

二、近人專著（以作者姓名筆畫排序）

1. 方祖猷：《王畿評傳》（南京：南京大學出版社，2001 年）。

2. 牟宗三：《心體與性體》（台北：聯經出版社，2001 年）。

3. 牟宗三：《宋明儒學的問題與發展》（台北：聯經出版社，2003 年）。

4. 牟宗三：《從陸象山到劉蕺山》（台北：學生書局，2000 年二版）。

5. 吳震：《陽明後學研究》（上海：上海人民出版社，2003 年）。

6. 吳震：《聶豹、羅洪先評傳》（南京：南京大學出版社，2001 年）。

7. 呂妙芬：《陽明學士人社群——歷史、思想與實踐》（台北：中研院近史所，2003 年）。

8. 岡田武彥著，吳光、錢明、屠承先譯：《王陽明與明末儒學》（上海：上海古籍出版社，2000 年）。

9. 林月惠：《良知學的轉折——聶雙江與羅念菴思想之研究》（台北：臺大出版中心，2005 年）。

10. 祁潤興：《陸九淵評傳》（南京：南京大學出版社，1998 年）。

11. 唐君毅：《中國哲學原論‧原教篇》（台北：學生書局，1990 年）。

12. 張立文：《心》（台北：七略出版社，1996 年）。

13. 張立文：《朱熹評傳》（南京：南京大學出版社，1998 年）。

14. 張岱年：《中國哲學史方法論發凡》（北京：中華書局，2003 年）。

15. 張麗珠：《中國哲學史三十講》（台北：里仁書局，2007 年）。

16. 陳榮捷：《王陽明傳習錄詳註集評》（台北：學生書局，1998 年）。

17. 陳榮捷：《近思錄詳註集評》（台北：學生書局，1998 年）。

18. 勞思光：《新編中國哲學史（三上）》（台北：三民書局，1987 年三版）。

19. 彭國翔：《良知學的展開——王龍溪與中晚明的陽明學》（北京：三聯書店，2005 年）。

20. 蔡仁厚：《王陽明哲學》（第二版，台北：三民書局，2007 年）。

21. 蔡仁厚：《宋明理學‧北宋篇》（台北：學生書局，1983 年）。

22. 蔡仁厚：《宋明理學‧南宋篇》（台北：學生書局，1983 年）。

23. 錢明：《陽明學的形成與發展》（南京：江蘇古籍出版社，2002 年）。

三、學位論文（以出版年代排序）

1. 劉桂光：《王龍溪與聶雙江論辯之研究》（文化大學哲學研究所，民國八十三學年度，碩士論文）。

2. 彭仰琪：《良知學的兩個路向——王龍溪聶雙江致知議辨研究》（中正大學中國文學系，民國八十七學年度，碩士論文）。

3. 郭麗明：《教民化俗——明代社學教育》（國立中興大學歷史學系，民國九十一學年度，碩士論文）。

4. 卓平治：《聶雙江對良知的體認及其論辯》（暨南國際大學中國語文學系，民國九十二學年度，碩士論文）。

5. 溫愛玲：《從聶雙江到羅念菴良知學之研究——以王門諸子「以知覺為良知」與「分裂體用」的論題為脈絡》（成功大學中國文學系，民國九十三學年度，碩士論文）。

6. 周知本：《聶雙江思想析論》（中興大學中國文學系，民國九十四學年度，碩士論文）。

四、期刊論文（以出版年代排序）

1. 屠承先：〈陽明學派的本體工夫論〉（《中國社會科學》，第六期，1990 年）。

2. 方祖猷：〈王畿與聶豹關於本體良知之辯——兼對牟宗三先生〈致知議辯〉一文的補充與商榷〉（《寧波大學學報·人文科學版》，第十卷第一期，1996 年 9 月）。

3. 毛文芳：〈晚明「狂禪」探論〉（《漢學研究》第十九卷第二期，2001 年）。

4. 鄧名瑛：〈明代心學本體論與明代學風〉（湖南省社會科學院：《求索》，2004 年第 2 期）。

附錄一：陸賈《新語》對儒學思想的繼承與發展^{〔註1〕}

提要

　　孔子的「道」，乃「仁、義、禮」三者之漸第而成，經過孟子性善論之重「義」，荀子性惡論之重「禮」，與後世儒者的轉化，儒家思想更加容易適應時代的需求，或說是儒家思想與封建政治的結合，因此「道」的內容大幅度的改變，而「道」的內涵轉變，首次形諸於文字者為陸賈之《新語》，故此，將從陸賈所著《新語》中所呈現的思想，來看儒學思想進入了漢代以後的轉變與發展。劉邦初不好儒，陸賈常與說《詩》、《書》，高帝罵道：「乃公居馬上得之，安事《詩》、《書》！」，陸賈對曰：「馬上得之，寧可以馬上治之乎？」一語道破政治上所需採行之道，因此劉邦對儒者的態度大為轉變，儒者在當世漸有抬頭之跡。陸賈在《新語》中的思想，承接了儒家傳統學說是其一大重點，而更重要的是以往孔子所建立的儒者形象：「知其不可而為之者」，在陸賈後融入了屈伸有道精神法則，加上其書搜羅了漢初各家顯學的學說要素，加強並鞏固了儒家學說的地位，和政治做了巧妙的結合，提供給後代儒者一條具有相當發展性的大道。

　　關鍵字：陸賈、新語、易傳、儒、道、法

〔註 1〕本文刊於《輔大中研所學刊》，2006 年 10 月第十六期，頁 129～151。

前言

儒家思想源流所由何來，我們可以透過《漢書・藝文志》的記載與司馬談〈論六家要旨〉，得到漢代時期普遍認為儒家所由何來的資料：

> 儒家者流，蓋出於司徒之官，助人君順陰陽、明教化者也。游文於《六經》之中，留意於仁義之際，祖述堯舜、憲章文武，宗師仲尼，以重其言，於道最為高。〔註2〕

此說全面敘述了儒家的來歷、學說宗旨、思想傾向及其宗師、始祖。其所以「助人君順陰陽、明教化者」，乃在《六經》與仁義。班固之前的司馬談，也在其〈論六家要旨〉中提到：

> 儒者博而寡要，勞而少功，是以其事難盡從。然其序君臣父子之禮，列夫婦長幼之別，不可易也。夫儒者以六藝為法。六藝經傳以千萬數，累世不能通其學，當年不能究其禮，故曰「博而寡要，勞而少功」。若夫列君臣父子之禮，序夫婦長幼之別，雖百家弗能易也。〔註3〕

此處提到的「六藝」即為「六經」，司馬談在此強調的儒家學說，應是以六經為「法」，君臣父子夫婦長幼之序為「禮」。因此，就上二條引文來說，我們可以知道「儒」本身的起源甚早。不過所謂的「儒學」或者「儒家學派」，則是由孔子開始〔註4〕。因此儒學思想的實質乃在於孔子的整個思想體系，必須放眼對孔子思想體系之淵源的考察，才能弄清儒學的整體脈絡。

孔子之「道」為「仁、義、禮」〔註5〕三者所架構而來，「仁」的層次則為三者其中的最高思想，無論是個人修身，以至於帝王治國，「仁」的境界都可以說是最終最善的目的。但是「仁」底下「義、禮」兩個實踐方法，在孔子之後的學者，因著眼點的不同，產生了不同的實踐理論，最好的例子就

〔註2〕班固著，顏師古注：《漢書》，台北：泰盛書局，1976年，頁1728。

〔註3〕司馬遷著，裴駰集解，司馬貞索隱，張守節正義：《史記三家注》，台北：七略出版社，1991，頁1349。

〔註4〕筆者按：《史記・孔子世家》云：「孔子以詩書禮樂教弟子。」，又《論語》云：「吾道一以貫之。」以六經為思想（或教育）的範疇，並以「道」為思想中心，乃由孔子始。

〔註5〕勞思光《新編中國哲學史》：「孔子之學，由「禮」觀念開始，進而至「仁」、「義」諸觀念。故就其基本理論言之，「仁、義、禮」三觀念，為孔子理論之主脈，之於其他理論，則皆可視為此一基本理論之引申發揮。」（勞思光：《新編中國哲學史》第一冊，台北：三民書局，頁111）

是強調「性善」的孟子與強調「性惡」的荀子。孟荀思想表面看來似乎是對立的理論，不過就孔子對「義、禮」兩個實踐方式的方向的思考，孟荀二人分別對於「義」（性善說）與「禮」（性惡說）二者擴充了不同的儒學思想面向。甚至後來韓非稱「儒分為八」〔註6〕，儒家的學說在這裡看似走向了歧異的道路，不過這對儒家學說本身的發展來說，是呈現了一種自我的擴充跡象。

「儒者難與進取，可與守成」〔註7〕，在秦代以法治國的環境，與後來楚漢相爭的亂世中，儒家學說無法獲得實際的效用，要一直到漢帝國建立，劉邦嚐過叔孫通為之制定朝儀的甜頭後，才發現儒家在政治上的實用性；再者，劉邦初不好儒，陸賈常與說《詩》、《書》，高帝罵道：「乃公居馬上得之，安事《詩》、《書》！」，陸賈對曰：「馬上得之，寧可以馬上治之乎？」〔註8〕一語道破政治上所需採行之道，因此劉邦對儒者的態度大為轉變，儒者在當世漸有抬頭之跡。然漢初之時，戰爭適才結束，與民生息的政治理念成為主流，是以黃老之術當道，加上漢朝是一個新的帝國，儒家學說雖為君主所用，但是為了適應時代的實際需求，儒家學說因此產生了質變。

孔子的「道」，乃「仁、義、禮」三者之漸第而成，經過孟子性善論發展「義」之概念，荀子性惡論發展「禮」之概念，與後世儒者的轉化，儒家學說更加容易適應時代的需求，加上儒家思想與封建政治的結合，因此儒學思想內容產生改變，而儒學思想中「道」的內涵轉變，首次形諸於文字者為陸賈之《新語》，故此，將從陸賈所著《新語》中所呈現的思想，來看儒家思想進入了漢代以後的轉變與發展。

〔註6〕《韓非子・顯學》：「世之顯學，儒、墨也。儒之所至，孔丘也。墨之所至，墨翟也。自孔子之死也，有子張之儒，有子思之儒，有顏氏之儒，有孟氏之儒，有漆雕氏之儒，有仲良氏之儒，有孫氏之儒，有樂正氏之儒。……故孔、墨之後，儒分為八，墨離為三，取舍相反不同，而皆自謂真孔、墨；孔、墨不可復生，將誰使定世之學乎？」筆者按：孔門弟子號稱三千，即使以七十二弟子來說，儒家學說會走向不同的思想理路，我們也是可以預見的，然而在漢代獨尊儒術以後，儒家學說又可說重回一個大整體的情況下，「儒分為八」看起來也不是非難儒家的理由了。（陳啟天：《增訂韓非子校釋》，台北：台灣商務印書館，1982，頁1~2。）

〔註7〕司馬遷著，裴駰集解，司馬貞索隱，張守節正義：《史記三家注》，台北：七略出版社，1991，頁1107。

〔註8〕司馬遷著，裴駰集解，司馬貞索隱，張守節正義：《史記三家注》，台北：七略出版社，1991，頁1098。

壹、陸賈其人與學術背景

對於陸賈的基本身分背景，讓我們直接引用《史記‧陸賈傳》來做說明：

> 陸賈者，楚人也。以客從高祖定天下，名為有口辯士。居左右，常
> 使諸侯。〔註9〕

根據《史記》的記述，陸賈從一開始就是跟隨在漢高祖旁的卿客，而高祖曾讓
陸賈兩次出使南越，陸賈以其辯才成功完成這兩次出使的任務，因此便以善辯
著稱，太史公亦言：「余讀陸生《新語》書十二篇，固當世之辯士。至平原君
子與余善，是以得具論之。」，因為平原君之子與司馬遷有所交往，所以這段
歷史是可以相信的。

但是除了陸賈被稱為「有口辯士」之外，因為其思想的關係，常會讓人
誤解而為黃老，甚至是法家學派，這個問題是相當值得我們探討的。為什麼
陸賈會被人歸類於黃老、法家，甚而兩者合一的「道法家」，其原因有二，
一為當時政治上乃是因為要適應漢初休養生息的需要，因此社會上充斥「道
通太虛」的思想，以黃老「自然無為」為主體，治民當以「清淨無為」、「優
惠愛民」等原則，而陸賈思想中有所謂「無為論」的觀點，因此被認為其為
道家者流。另外一點則是直接就是從陸賈本身的學說來說，除了上段提到的
「無為論」之外，陸賈本身在《新語》之中，就援引了許多道家詞彙，以及
法家精神思想等等，是以在此情況下，陸賈的身分往往就會被冠上非其所願
的派別。〔註10〕

《史記》、《漢書》對於陸賈的師承並沒有留下隻字片語以供後人參考，其
著墨多落筆於陸賈兩次出使南越，以及削除諸呂的謀策上，沒有直接的史料證
明陸賈的師承，幸而我們在清代人唐晏的《陸子新語校注序》中看到了以下有
關於陸賈師承的文字：

> 或者謂路生為荀卿弟子。然則陸生固及見全經矣，其視漢初諸儒抱殘守缺
> 者何如。故其說驚之言與漢人不同，而說《穀梁》者尤精。世以《穀梁》學出
> 申公，烏知申公尚在陸生後乎？今人知重公羊而以董生為臣子，不知公羊齊學
> 也，為歷下遊士之餘緒，《穀梁》魯學也，為闕里諸儒之雅言。而陸生為《穀

〔註 9〕司馬遷著，裴駰集解，司馬貞索隱，張守節正義：《史記三家注》，台北：七略
　　　　出版社，1991，頁 1097。

〔註10〕筆者按：陸賈以儒者自居，《漢書‧藝文志》亦將陸賈歸為儒家一脈，因此陸
　　　　賈若被後人誤會為道家或法家，乃非陸賈之所願，故在此用「非其所願」四
　　　　字。

梁》大師，又前乎董公，人知重董而不知重陸，俱矣！〔註11〕

這段文字給我們的線索有二，一為陸賈為荀子之弟子，一為陸賈為《穀梁》學派與申公並列的大師。雖然陸賈生卒年不詳，然若以其活動年代推測，陸賈的確可能是荀子的弟子〔註12〕，這條證據顯示陸賈為儒家身分而且確切掌握儒家學說的所由來。或者在繼承荀學一條證據比諸孔孟之學稍有異處，然荀學亦由儒學強調「禮」之思維而來，其源不可脫離儒學一系。另外一條關於陸賈為《穀梁》學大師的證據，余嘉錫先生在《四庫提要辨證・新語》中的考據相當精詳確實：

> 申公至武帝時年八十餘乃卒，而江公在武帝時與董仲舒並，因謂穀
> 梁傳至是始出，為賈所不及見；不知申公為浮邱伯弟子，其穀梁春
> 秋之學，自當是受之於伯，高祖過魯，申公以弟子從師入見，師蓋
> 即浮邱伯，其時賈方以客從高祖定天下，居左右；呂太后時，浮邱
> 伯在長安，楚元王遣子郢客與申公俱卒業，賈亦方為陳平畫與絳侯
> 交驩之策，是賈與浮邱伯正同時人，又同處一地，何為不可以見穀
> 梁春秋乎？新語資質篇云：「鮑丘之德行，非不高於李斯、趙高也，
> 然伏隱嵩廬之下，而不錄於世，利口之臣害之也。」……賈著新語，
> 在申公卒業之前，浮邱尚未甚老，賈之年輩當亦與相上下，而賈極
> 口稱之，形於奏進之篇，其意蓋欲以此當薦書，則其學出於浮邱伯，
> 尤有明徵。〔註13〕

由此可知陸賈更是在魯申公之前的《穀梁》學大師，其學乃出於申公之師浮邱伯，又陸賈年紀高於魯申公，更可見其學之所由來。無論學者是根據這兩條證據中的哪一條，我們所得到的結果都是陸賈之學所承襲者乃傳統儒學一脈。

而陸賈對於道家、法家思想的融會吸收，正是儒學之所以能夠不斷創新，發揚光大的出發點，是以《四庫全書總目提要》稱讚其為「醇正」。而他的思想發展，也直接的影響到後來賈誼、董仲舒等人思想的方向。

〔註11〕陸賈著，王利器校注：《新語校注》，北京：中華書局，1986 年。

〔註12〕王興國：《賈誼評傳》附錄陸賈與晁錯的生平事業：「從陸賈的年齡來說，這種
可能性是存在的。因為荀子死於（西元）前 238 年，到陸賈在文帝元年（西元
前 179 年）第二次出使南越，期間不過六十年，如果陸賈二十歲以前從荀子
受學，到文帝初年也不過八十來歲。」此說或可是一種可能性極高的推測。王
興國：《賈誼評傳》，江蘇：南京大學出版社，1992 年，頁 345。

〔註13〕余嘉錫：《四庫全書提要辨證》，台北：藝文印書館，1965 年。

貳、陸賈《新語》之主要內容與思想

郭沫若在〈秦楚之際的儒者〉一文中列舉了張良、陳餘、酈食其、陸賈、朱建、劉交、叔孫通等人，為漢初之際比較著名的儒者，其中對於儒學發展影響較大者，僅叔孫通與陸賈二人。叔孫通對於儒學的發展，大抵可用司馬遷的一段贊語來囊括：

> 叔孫通希世度務制禮，進退與時變化，卒為漢家儒宗。〔註14〕

叔孫通在其一生中，服侍多主惹人非議，且行事皆隨勢所變，與儒者「知其不可而為之」的標準形象天差地遠。但其所為，乃待時而用之，果然為漢高祖制定朝儀，讓高祖領悟「吾乃今日知為皇帝之貴也」，使儒家學說在不喜儒者的高祖面前迸出了火花，得以政治結合，並在漢武帝之後儒術獨尊的起始點，是以司馬遷由此面向肯定了叔孫通對於儒學的貢獻。

但是叔孫通僅在制度方面，讓帝王體驗到了以儒術治國的方便性，而在儒學思想變革上，陸賈則佔有更重要的一席之地。儒家思想開始附庸政治，而且核心的思想觀念漸漸轉變，更融入了其他如法家、道家的思想，儒學因而革新，在這種環境下，陸賈對於儒家觀念的發展與改變，讓儒家得以在兩千多年的中國歷史中一枝獨秀。而儒學雖然在陸賈的手中產生改變並與道法二家學說有所融合，不過陸賈所繼之儒學還是孔子仁義忠恕一脈學說，他在《新語》中提到：

> 是以君子握道而治，據德而行，席仁而坐，杖義而彊，虛無寂寞，通動無量。（《新語‧道基》）〔註15〕

> 故仁者在位而仁人來，義者在朝而義士至。是以墨子之門多勇士，仲尼之門多道德，文王之朝多賢良，秦王之庭多不詳。故善者必有所主而至，惡者必有所因而來。夫善惡不空作，禍福不濫生，唯心之所向，志之所行而已矣。（《新語‧思務》）

《新語》一書，由首章以至於末章，皆緊扣「仁義」二字而行，陸賈「唯心之所向，志之所行」乃儒家學說，因此其所繼、所展之儒學，可說是以孔子之「道」為根本，進而融合時代需求，開拓儒學思想。

〔註14〕司馬遷著，裴駰集解，司馬貞索隱，張守節正義：《史記三家注》，台北：七略出版社，1991，頁1109。

〔註15〕陸賈著，王利器校注：《新語校注》，北京：中華書局，1986年，頁176。筆者按：因引用多條《新語》原文，在此注釋之後，僅載《新語》篇名於引文之後，不再夾用隨頁注。

陸賈的著作，在《漢書・藝文志》的著錄中有三：《新語》、《楚漢春秋》、《陸賈賦》三篇，其中《陸賈賦》已亡佚；《楚漢春秋》現僅存三家之輯佚本，且皆不完整，是為研究陸賈思想上的一大缺憾；《新語》為現在陸賈唯一保留完整的作品，也是記錄陸賈思想最完整的一份資料。《新語》此書在流傳上，亦有人懷疑其為偽作，但多方考證之後，《新語》為陸賈所作的證據還是比較充份〔註16〕，所以我們在以《新語》為討論陸賈在儒學思想上的繼承與發展時，可以相信這本書所呈現的思想。

一、建立了「天人合策」思想的雛型：「天地之道」與「人倫之道」

關於陸賈《新語》的天人思想，可以分為兩個方面來探討：其一，由《易傳》所出。《新語・道基》有許多的文句與觀念皆化自於《易傳》，可證陸賈思想受到《易傳》極深的影響，而〈道基〉篇正是陸賈《新語》中天人思想的總源，因此我們可觀察〈道基〉篇中哪些思想受到《易傳》的影響，來看陸賈「天」觀念的建立。其二，儒家思想中，孔孟荀三者亦有天人思想的表述，尤其荀子「天人之分」的觀念與《新語》天人思想似有相承，這一點也不可不注意。

〔註16〕《四庫全書提要》疑《新語》為後人所依托，列舉以下三條證據：其一，《漢書・司馬遷傳》稱遷取《戰國策》、《楚漢春秋》、陸賈《新語》作史記，而今本《新語》之文完全不見於史記。其二，王充《論衡・本性》篇引陸賈曰：「天地生人也，以禮義之性；人能察己所以後命者順，順謂之道。」今本《新語》也沒有這些文字。其三，《穀梁傳》至漢武帝時始出，而〈道基〉篇末，乃引《穀梁傳》曰，時代尤相牴牾。然關於此三點的懷疑，整理後人不同的看法，以證明陸賈《新語》非為偽作，其理由有下幾點：其一，《漢書・司馬遷傳》未言作史記曾援引《新語》之語。其二，《論衡》引「陸賈曰」，非無說明引自於《新語》之文字。其三，關於陸賈與《穀梁》學派的關係，可以參詳本作「陸賈其人」一節，可明白陸賈實為魯申公以前之《穀梁》學大師，更《新語》中講春秋時事，皆為穀梁家法，陸賈既為當世《穀梁》學大家，《新語》出於其手並非可議。其四，其行文體例多漢賦之筆，就《漢書・藝文志》所錄，陸賈有三篇賦作，因此其文體以賦之形式而作，乃可明白。其五，《新語》所呈現政治主張，多有黃老之術的影子，此為時代趨勢，在《新語》之中亦為合理；另外在用語上稱孔子為「仲尼」，此習慣流行於戰國末年，《中庸》、《孝經》可見其斑，但漢儒著述，多稱「孔子」，是以以時代用語之習慣考證，《新語》成書大約不會晚於漢初，與陸賈生卒年相合。由此五點來看，陸賈《新語》的確是西漢初年所寫，應該是為陸賈手著原本。以上考據見《中國歷代思想家》中，王更生先生所著「陸賈」一篇。王壽南總編：《中國歷代思想家》，台北：台灣商務印書館，1978 年，頁 816～821。

〈道基〉一篇是陸賈在《新語》中呈現的思想基礎，「道」的觀念也在此間建立，而陸賈的「道」自然也包涵了他對於「天」的觀念的呈現，試看：

> 傳曰：「天生萬物，以地養之，聖人成之。」功德參合，而道術生焉。……
> 故在天者可見，在地者可量，在物者可紀，在人者可相。……知天
> 者仰觀天文，知地者俯察地理。 （《新語‧道基》）

「天」的觀念在《新語‧道基》中一再重複地被提出，就說明了陸賈同意在自然之上，勢必會有一種統攝天人的規律，因此特別強調人應順天而行事，天地間一切自然現象都是有一定規律存在，人類也應該在此規律之中。這樣的觀念也在《易傳》中不時出現，試見《易繫辭》：

> 是故形而上者謂之道，形而下者謂之器，化而裁之謂之變，推而行
> 之謂之道，舉而措之天下之民謂之事業。〔註17〕
> 易之為書也，廣大悉備：有天道焉，有人道焉，有地道焉。〔註18〕

雖然陸賈並沒有如同《易傳》一樣將「天道、地道、人道」三者標榜出來，可是他所強調的「道」，卻可以從各種事物在冥冥之中的規律性體現出來，是以他說：

> 張日月，列星辰，序四時，調陰陽，布氣治性，次置五行，春生夏
> 長，秋收冬藏，陽生雷電，陰成霜雪，養育群生，一茂一亡。 （《新
> 語‧道基》）

宇宙四時的變化，還有陰陽男女的相參，這些文字就涵括了如同《易傳》中天、地、人三道的意念。顯示著《新語》中「天」的觀念，與《易傳》是有所接連的。

理解了陸賈「天」的觀念後，我們更可以進一步的看陸賈接著提出來的一句話：「天人合策，原道悉備。」這句話不僅僅轉化了《易傳》的詞語，更將天人關係串合在一起〔註19〕。這樣的天人思想亦是整合了《易繫辭下》中的天人思想：

> 古者包犧氏之王天下也，仰則觀象於天，俯則觀法於地，觀鳥獸之

〔註17〕程頤：《易程傳‧繫辭上》，台北：文津出版社，1985 年，頁 603。

〔註18〕程頤：《易程傳‧繫辭下》，台北：文津出版社，1985 年，頁 629。

〔註19〕筆者按：《易傳》：「易之為書也，廣大悉備。」僅提到《易》之成書，廣大
悉備，而陸賈變化此句，濃縮此段繫辭的天地人三道之天人關係於〈道基〉篇
中，並稱之為「道」。

　　　　文與地之宜，近取諸身，遠取諸物，於是始作八卦，以通神明之德，

　　　　以類萬物之情。〔註20〕

由此可見，《易傳》中「天」的觀念，直接影響了陸賈的天人思想。陸賈的天
人思想更由此往下拓及儒學思想，整理了先秦儒家在天人思想上的思維。從
《新語・道基》的首段，我們可以看出陸賈在儒家思想的基礎上，對於「道」
的理解與闡釋：

　　　　傳曰：「天生萬物，以地養之，聖人成之。」功德參合，而道術生焉。……
　　　　知天者仰觀天文，知地者俯察地理。跂行喘息，蜎飛蠕動之類，水
　　　　生陸行，根著葉長之屬，為寧其心而安其性，蓋天地相承，氣感相
　　　　應而成者也。　（《新語・道基》）

既然陸賈的思想之中，「天、地、人」三者是相互的影響，是以在首段的整體
大意之中，「天、地」二者所扮演的角色，也還是有根源於儒家傳統對於「天」
的思想：

　　　　子曰：「天何言哉？四時行焉，百物生焉，天何言哉？」（《論語・陽
　　　　貨》）〔註21〕

　　　　孟子曰：「牛山之木嘗美矣。以其郊於大國也，斧斤伐之，可以為美
　　　　乎？……孔子曰：『操則存，舍則亡。出入無時，莫知其鄉。』惟心
　　　　之謂與！」（《孟子・告子上》）〔註22〕

孔子在這裡所謂的「天」，由「天」而觀人，人就應該順天而行，就如天地萬
物所依循的法則一樣。孟子更以人性本善為出發點，強調若順從並發展上天賦
予人類的「天性」，那麼人的善端就得以發展。這樣的「天」、「人」關係思想
模式，孔子、孟子二者所談的「天」幾乎是屬於「義理天」的成分。

　　在孔孟之後的儒家學說中，還有荀子「天人之分」的思考：

　　　　天行有常，不為堯存，不為桀亡。應之以治則吉，應之以亂則凶。……
　　　　大天而思之，孰與物畜而制之！從天而頌之，孰與制天命而用之！
　　　　望時而待之，孰與應時而使之！因物而多之，孰與騁能而化之！思
　　　　物而物之，孰與理物而勿失之也！願於物之所以生，孰與有物之所

〔註20〕程頤：《易程傳・繫辭下》，台北：文津出版社，1985 年，頁 608。
〔註21〕朱熹集註，蔣伯潛廣解《四書廣解・論語》，台北：啟明書局（無著錄出版年
　　　　代），頁 272。
〔註22〕朱熹集註，蔣伯潛廣解《四書廣解・孟子》，台北：啟明書局（無著錄出版年
　　　　代），頁 269

以成！故錯人而思天，則失萬物之情。 （《荀子・天論》）〔註23〕
「天行有常，不為堯存，不為桀亡。應之以治則吉，應之以亂則凶」說明了荀子「天人之分」的整體理論，這裡的天和人的一切行為產生了聯繫的關係，說明了：人需要順應天之行，否則還是會招致敗亡。

　　在這種儒學思想的傳承下，陸賈對於「天、地」的思想，除了受到《易傳》影響外，也根源於儒家這樣的傳統思維。在這樣的思考層次下，「人」所做的一切都需要與「天、地」相照應，因此先聖歸納出天地自然之道，以此作為一種規範來對應至「人」：

> 於是先聖乃仰觀天文，俯察地理，圖畫乾坤，以定人道，民始開悟，
> 知有父子之親，君臣之義，夫婦之道，長幼之序，於是百官立，王
> 道乃生。 （《新語・道基》）

天地之序經過了先聖的歸納，成為了倫理道德的「人道」，並擴充為政治上的君臣關係，在位者與百姓的聯繫的「王道」。以此觀之，「天、地、人」之關係在陸賈《新語》所表現出來的思想當中，就應該更確實的分為兩組：「天地之道」與「人倫之道」〔註24〕。

　　陸賈除了注意到孔孟二者對於「天人」的思考外，對於荀子「人定勝天」之說也有其見解。根據上頁所引《荀子・天論》一文，荀子認為人為的一切可以不受天之拘束，但有幾個關鍵詞需要注意：「制天命、應時、騁能、理物」，這幾個關鍵詞提示了在根本的規則之下，人類所有的行為還是受到天的規範，這個「根本原則」我們可以視為荀子強調「天人之分」而產生的矛盾點〔註25〕。

　　根據後世學者考據，陸賈有可能是荀子的後學，即非荀子後學，也為當世一大儒宗〔註26〕，因此陸賈勢必注意到傳統儒家學說過渡到荀子「天人之分」思想時產生的矛盾點，巧妙的利用這個理論的矛盾性，並結合了《易傳》的天

〔註23〕荀子著，楊倞注，王先謙集解：《荀子集解》，台北：藝文印書館，1967，頁445。
〔註24〕筆者按：上述「王道」為政治思想，應視為倫理道德之擴充，故應歸類為「人倫之道」。
〔註25〕筆者按：這裡所謂的「矛盾點」，其實是儒家思想中擺脫不掉的思想根源，子曰：「未知生，焉知死。」，儒家所強調的雖然是積極的入世觀，可是無論是孔子或是孟子，都想要恢復的是周室的傳統，因此孔子才有「吾已不復夢見周公」之嘆。處在這種積極的入世觀與無奈的使命論下，儒家學說不易擺脫「與天相應」，是以即使荀子強調「天人之分」的思想，還是會受到這種儒家傳統思想的羈絆，故筆者在此以「矛盾」稱之。
〔註26〕見本文第一節「陸賈其人與學術背景」一段。

道觀，將儒家學說「應天」的理論地位拉抬更高，這樣的原則觀念建立之後，成為了漢代「天人合策」思想的先驅，形成了初步的「天人合策」之說：

> 張日月，列星辰，序四時，調陰陽，布氣治性，次置五行……羅之以紀綱，改之以災變，告之以禎祥，動之以生殺，悟之以文章。（《新語·道基》）

> 仁者道之紀，義者聖之學。學之者明，失之者昏，背之者亡。陳力就列，以義建功，師旅行陣，德仁為固，仗義而彊，調氣養性，仁者壽長，美才次德，義者行方。……穀梁傳曰：「仁者以治親，義者以利尊。萬世不亂，仁義之所治也。」（《新語·道基》）

陸賈第一段文字先敘述「天地之道」與「人倫之道」的聯繫，無論是星辰、四時、五行，以至於紀綱、災變、禎祥等等，都是與天道有所相繫。「天地之道」與「人倫之道」有聯繫關係後，陸賈再捻出「仁義」二字，指出「人倫之道」就需要靠「仁義」來上達天聽，以收仁義之治，萬世不亂之道。史皆有為禍之君，故陸賈亦由這樣的天人之道關係，開展出一套制約在位者的思想：

> 故欲理之君，閉利門，積德之家，必無災殃，利絕而道著，武讓而德興，斯乃持久之道，常行之法也。（《新語·懷慮》）

> 治以道德為上，行以仁義為本。故尊於位而無德者絀，富於財而無義者刑，賤而好德者尊，貧而有義者榮。（《新語·本行》）

因為「人倫之道」須順天而行，包含在「人倫之道」下的「王道」在仁義的實踐上，當然就必然要有「義」、「利」之辨。因此唯有明白「義」與「利」不可平行而論的在位者，才能長治久安，而用「仁義」治國，上與「天地之道」相合。從「天地之道」以攝「人倫之道」，讓「王道」理論能夠在不違背「人倫之道」的系統下發展，並點出「仁義」二字，讓君王在政治上以「仁義」為治民之本，故陸賈言：「天人合策，原道悉備。」（《新語·道基》），天與人能夠相輔相成，「道」就會完備，這就是陸賈「道」的模型。

二、融合道、法二家的新儒家思想

本身以六經為思想體系的儒家，能夠被後世君王認同的原因在於特重「倫常道德」，這種重視「倫常」觀念，有助於安定政局與民心，尤其孔子言「君君臣臣，父父子子」更是統治者藉以長久保持權位的有利思想，然而當時的儒學在政治應用上，卻還有所不足之處。先秦諸子之中，道家「無為」概念受到

漢初執政者的喜愛，而且也符合當時社會需要生養休息的狀況；法家則是在先秦時代受到各諸侯國富國強兵政策下，政治實踐方法最為實用的家派。因此陸賈採集此二家說法以補儒家本身思想之不足，強化了儒家思想在政治應用上的優越性。

（一）融合儒道思想的「無為論」

道家理論對陸賈的影響最大者，莫過於「無為」的論點，在陸賈《新語》中，更有〈無為〉一篇。試見：

> 道莫大於無為，行莫大於謹敬。何以言之？昔舜治天下也，彈五弦
> 之琴，歌南風之詩，寂若無治國之意，漠若無憂天下之心，然而天
> 下大治。周公制作禮樂，郊天地，望山川，師旅不設，刑格法懸，
> 而四海之內，奉供來臻，越裳之君，重譯來朝。故無為者乃有為也。
> 秦始皇設刑罰，為車裂之誅，以斂姦邪，築長城於戎境，以備胡、
> 越，征大吞小，威震天下，將帥橫行，以服外國，蒙恬討亂於外，
> 李斯治法於內，事逾煩天下逾亂，法逾滋而天下逾熾，兵馬益設而
> 敵人逾多。秦非不欲治也，然失之者，乃舉措太眾、刑罰太極故也。
> （《新語・無為》）

此處，陸賈以正反並陳的論點來闡述自己的無為論，無為而治者的典範就是虞舜與周公；而有為無功者即為秦始皇。這裡的無為論明顯摻入了道家的理論，從《老子》與《莊子》中，皆可以找到這樣思想的淵源：

> 是以聖人處無為之事，行不言之教。萬物作焉而不辭。生而不有，
> 為而不恃，功成而弗居。夫唯弗居，是以不去。（《老子・第二章》）
> 〔註27〕

> 故聖人云：我無為而民自化，我好靜而民自正，我無事而民自富，
> 我無欲而民自樸。 （《老子・第五十七章》）〔註28〕

> 何謂道？有天道，有人道。無為而尊者，天道也；有為而累者，人
> 道也。主者，天道也；臣者，人道也。天道之與人道也，相去遠矣，
> 不可不察也。 （《莊子・在宥》）〔註29〕

〔註27〕王弼撰，陸德明釋文：《老子道德經注》，台北：世界書局，1962，頁2。
〔註28〕王弼撰，陸德明釋文：《老子道德經注》，台北：世界書局，1962，頁35。
〔註29〕郭象注，陸德明釋文：《莊子集釋》，台北：世界書局，1962，頁181。

> 天地雖大，其化均也；萬物雖多，其治一也；人卒雖眾，其主君也。
>
> 君原於德而成於天，故曰：玄古之君天下，無為也，天德而已矣。
>
> （《莊子·天地》）〔註30〕

無論是《老子》所謂的「聖人處無為之事」、「無為而民自化」或是《莊子》主張的「無為而尊者，天道也」、「玄古之君天下，無為也，天德而已矣」，都被陸賈借而以為政治上的無為論，強調了君主必須要朝「垂拱而治」的目標前進。不過在這裡的無為論，借的也僅是道家無為思想的表象而已，在陸賈思想中的無為觀點，事實上還是落在儒家的立場而言的，試看：

> 是以君子之為治也，塊然若無事，寂然若無聲，官府若無吏，亭落若無民，閭里不訟於巷，老幼不愁於庭，近者無所議，遠者無所聽，郵無夜行之卒，鄉無夜召之征……豈待堅甲利兵、深牢刻令、朝夕切切而後行哉？ （《新語·至德》）

其中的「官府若無吏，亭落若無民」以至於「不怒而威」，幾乎就是儒家學說終極目標「天下大同」的基本描寫，與孔子「老者安之，朋友信之，少者懷之。」和〈禮記·禮運〉中所述的景象極其類似〔註31〕，而且上段引文的最後提到「豈待堅甲利兵、深牢刻令、朝夕切切而後行哉？」，就是在批判秦朝「堅甲利兵、深牢刻令」這樣非以仁義治國的觀念。陸賈用道家「無為」的說法，來同意儒家思想中的理想世界，這個理想世界自然並非道家的「小國寡民」而是儒家的「大同世界」，可見陸賈在他無為論的思想中，所欲達到的目標，還是儒家學說的共同理想。

除此之外，陸賈也將「仁義」的思想融入了他的無為論中，認為實行「無為」的政治理想，也是實踐「仁義」的一種方法：

> 君子握道而治，據德而行，席仁而坐，杖義而彊，虛無寂寞，通動無量。 （《新語·道基》）

以「仁義」詮釋「無為」，讓道家思想融進了儒家思想之中，孔子亦言：「無為

〔註30〕 郭象注，陸德明釋文：《莊子集釋》，台北：世界書局，1962，頁181。

〔註31〕 筆者按：《禮記·禮運》：「大道之行也，天下為公。選賢與能，講信修睦，故人不獨親其親，不獨子其子，使老有所終，壯有所用，幼有所長，矜寡孤獨廢疾者，皆有所養。男有分，女有歸。貨惡其棄於地也，不必藏於己；力惡其不出於身也，不必為己。是故謀閉而不興，盜竊亂賊而不作，故外戶而不閉，是謂大同。」，雖《禮記》為漢代之後的作品，可是其中觀念還是傳統儒家在解釋《儀禮》時的思想，故可以視為傳統儒家思想的延伸。

而治者，其舜也與！夫何為哉？恭己正南面而已矣。」（《論語‧衛靈公》）〔註
32〕，陸賈就是擴充了這樣的思考，讓儒家思想更加具有了實用的性質。當然，
陸賈會有無為論的觀點，還是與當世的現實情況有所關係。漢初因為戰亂剛結
束，所以在世局稍安的情況下，與民生息的施政傾向是較為強烈的，因此陸賈
提出的無為論，正可以與當世政治作為結合，讓儒家思想得到當政者的認同。

（二）以法家思想革新儒家政治理論

在陸賈的思想當中，對於人民的認知也有相當重要的意義，因為這將牽涉
到陸賈在儒家的思想體系中引入的法家精神。陸賈在《新語‧至德》中提到：

> 夫欲富國強威，闢地服遠者，必得之於民。（《新語‧至德》）

認為人民將是統治者立國的根本，若無民心的擁戴，國將不保。這種思想我們
可以追溯到孟子「民為邦本」如此的「重民」的觀點。同時，陸賈亦注意到人
民也是國家興衰的重要根本，人民的意識不跟政治同時起舞，而是會順時而變
的：

> 天地之性，萬物之類，懷德者眾歸之，恃刑者民畏之，歸之則充其
> 側，畏之則去其域。（《新語‧至德》）

因為人民是跟隨的是「德政」，非以德治國者，就會喪失其政治的領導地位。
根據「民心所向」這個論點，以德治國自然是君王施政的首要條件，但是如何
將抽象的「德」具體化成為政治的實策，因此他提出不與民爭利的思想。這個
思想我們亦可以看作陸賈「無為論」中的一個觀點：

> 據土子民，治國治眾者，不可以圖利，治產業，則教化不行，而政
> 令不從。（《新語‧懷慮》）

「不與民爭利」這個思想，就進入了政治施政的實用階段，所以從政治的實用
面來看，陸賈就將法家實用主義的精神置入了他的「無為論」之中，使得他的
「無為論」除了融合道家思想外，更化入了法家的精神。而且在其後還提出歷
史實例以警惕君王：

> 魯莊公一年之中，以三時興築作之役，規虞山林草澤之利，與民爭
> 田漁薪菜之饒，刻桷丹楹，眩曜靡麗，收民十二之稅，不足以供邪
> 曲之欲……外人知之，於是為齊、衛、陳、宋所伐，賢臣出，邪臣
> 亂，子般殺，魯國危也。公子牙、慶父之屬，敗上下之序，亂男女

〔註32〕朱熹集註，蔣伯潛廣解《四書廣解‧論語》，台北：啟明書局（無著錄出版年
代），頁234。

之別，繼位者無所定，逆亂者無所懼。於是齊桓公遣大夫高子立僖
公而誅夫人，逐慶父而還季子，然後社稷復存，子孫反業，豈不謂
微弱者哉？故為威不強還自亡，立法不明還自傷，魯莊公之謂也。
（《新語‧至德》）

因此「不與民爭利」成為了施行德政的一個主要方法。這個例證之中，除了「不
與民爭利」的觀點外，還有「明定律令」的原則，魯莊公何以為昏君，除與民
爭利外，尚有「立法不明」之嫌，讓儒家的宗法制度混亂，是以禮義無所從，
因以國亂。

而這些觀點都是歸結於君主的「王道」精神，「德」即「仁義」，以「德」
治國即以「仁義」治國，君主施行「仁義」之治可上達天聽，因以合「天地之
道」，使國家長治久安。

陸賈除了利用法家精神來加強他無為論的觀點外，他對於法家「法、術、
勢」的思想，也是有所借用。前文提到陸賈的重民思想，除了體悟到人民的重
要性之外，他也同時注意到人民這種「因德而變」的兩面刃性格，深切體悟到
荀子所謂「水能載舟，亦能覆舟」的觀念，所以他強調君主也要對於人民有所
掌控，主張君主要加強統治的權力：

故聖人執一政以繩百姓，持一概以等萬民，所以同一治而明一統也。
（《新語‧懷慮》）

雖然陸賈強調的還是仁義的實施，可是作法就採取法家「權力」的運用了。另
外，儒家特重「重賢」思想，因此陸賈認為賢人應該積極入世，此處若是從法
家的觀點來看，可以輕易的看出陸賈「重賢」的觀念，試看：

夫言道因權而立，德因勢而行，不在其位者，則無以齊其政，不操
其柄者，則無以制其剛。　（《新語‧辨惑》）

陸賈雖然承襲儒家本身「重賢」思想而來，但是他更強調了聖賢應得其位而用
之的觀點，若是其人之德可為天下之明君，但因為沒有權勢與地位，對於人民
還是沒有任何幫助。因此陸賈在此向君主「明示」，若有賢者欲用事，就應給
他相對的地位，讓其賢德能夠有所發揮，君主也可趁此收無為之效。

雖然陸賈強調了這樣的統治理念，他強調以儒學治國的原則還是沒有改
變，只是因為時代性的需求，所以他的儒學思想遂而進行變通已矣。

由上二節觀之，《新語》書中融合的儒、道、法思想，我們可以在此作一
整理。法家言治術，則人君應垂拱而治，關鍵即在掌握法、術、勢三者，因此

其垂拱之治，與道家無為而治之意相通；而法家強調法的約束性，亦可從韓非、李斯從荀子學而入於法家得知，法家是通過荀子「性惡」的觀點，強化了禮的觀念，形成了重法的特色，因此在陸賈的思想中，法家思想可說是處在儒、道二家思想中間，調節二者平衡之地位。陸賈或感於自己理論的樞紐將成就於法家思想系統，是以迴返儒家系統，把最接近法家思想觀點的「禮」拉抬出來，成為他的思想系統之平衡點。

三、以「禮」為其思想系統之平衡點

陸賈整體思想的最高原則：「道」，是由「天地之道」與「人倫之道」所構成的，「人倫之道」又通過了「仁義」的行為之後，能夠與上通「天地之道」。而在「人倫之道」中的實踐面，又援入了道家、法家的思想以拓展儒家本身在應用方法上的不足點，完成了儒家思想的革新。這樣的思想系統似乎已經圓滿，可是儒家傳統「道」的思想中，「天、地、人」三點，看來卻是向「人」這個方向傾斜了，而且在融合道、法思想的過程中，儒家思想變得容易產生誤解。因此陸賈從荀子的思想中，找出了一個「禮」字，來補足整部《新語》所建構的思想，這種「禮」的觀念，恰好成為了陸賈儒學思想的平衡點。

陸賈在談到「天地之道」與「人倫之道」時，提出「禮」應當要成為二者的中介點，這樣才不會因「人倫之道」過於發達，而讓「天地之道」受制於「人倫之道」的控制〔註33〕，造成整個思想體系的崩潰，試看：

> 《春秋》以仁義貶絕，《詩》以仁義存亡，乾、坤以仁和合，八卦以義相承，《書》以仁敘九族，君臣以義制忠，《禮》以仁盡節，《樂》以禮升降。 （《新語‧辨惑》）

在這裡強調者即為「六經」，「六經」皆以「仁義」為本，可視為「天地之道」在「人倫之道」中的一種彰顯，這些彰顯的特性，似乎不全為「禮」的範圍。但若由荀子的觀點來看，其實在此所謂的「仁義」，皆全為「禮」所涵蓋：

> 禮者、法之大分，類之綱紀也。故學至乎禮而止矣。夫是之謂道德之極。禮之敬文也，樂之中和也，詩書之博也，春秋之微也，在天地之

〔註33〕 筆者按：「天地之道」的思想可以說是陸賈以後「天人思想」，屬於「天」一方的總稱。不過陸賈原意是要以「天地之道」的法則，來警戒人行為的善惡發展，但後來「天人思想」的發展，卻把君王排除在「人倫之道」外，成為了等同於「天地之道」的特權，例如「君權神授」思想，就是「天地之道」被濫用的結果，董仲舒的「天人相應」之說，一直到《白虎通》表現出來的思想概念，「天地之道」都成為了「君權神授」說的背書，形成了本身思想的弊病。

> 間者畢矣。……將原先王，本仁義，則禮正其經緯蹊徑也。若挈裘領，
>
> 詘五指而頓之，順者不可勝數也。　（《荀子·勸學》）〔註34〕

以荀子的觀點來看，禮即法度、綱紀，因此孔子作《春秋》以貶諸侯者，乃「禮」
也；《詩》之選刪，亦以「禮」為衡量之法度，更遑論君臣之義，與人倫之節，
皆在一個「禮」的範圍中。因此，先王何以為長治之術，就是「以禮正其經緯
蹊徑」，因此，陸賈乃提出「禮」來制約「人倫之道」，避免橫生弊病。

而「禮」的社會功能，也協助了調和了「天地之道」與「人倫之道」的平
衡，並且更加的具體化，而非講「天道」卻只有抽象的概念：

> 百姓以德附，骨肉以仁親，夫婦以義合，朋友以義信，君臣以義序，
>
> 百官以義承。　（《新語·道基》）

這裡講的「德」、「仁」、「義」，仔細來看，還是一種共同的社會規範，這種社
會規範在陸賈的口中雖無直言，但依然還是包涵在「禮」的範圍內。因此將「禮」
往上繫之以「天地之道」，那就是天道容易被接受且同意的一種具體化行為；
往下所繫之「人倫之道」，用「禮」來實踐「仁義」之行，約束「王道」，導正
人民，讓整個「道」的理論系統能夠平衡，這就是陸賈提出「禮」的最大功效。

參、陸賈革新儒學之影響

在陸賈《新語》的思想系統下，儒學思想得到了新的開展，在這個時期之
前，亦有一部對於儒學發展，相當重要的典籍，此即《易傳》。《新語》與《易
傳》兩者的思想有其關聯與相似之處，藉由兩者的對比，更可看出陸賈在《新
語》中的思想所呈現出來的儒學發展途徑。而陸賈對於儒學的貢獻與影響，還
可以分為兩點，其一便是成為漢代儒學思想中相當重要的「天人合策」思想的
先驅，後代論述者皆從此處得到啟發；再者就是儒學經陸賈的拓展之後，包容
性大大提升，儒家思想的系統開始能夠接納並吸收各時代的重要思想。

一、《易傳》天人思想與《新語》思想的相映

漢初之時，《易傳》對於儒學思想的發展亦不可忽視，因為《易傳》的天
道觀與人道觀，直接的影響到漢代盛行的天人思想概念，甚至成為宋明理學，
以及現代儒學建構宇宙論的重要典籍資源，而陸賈《新語》中所呈現的思想，
在一定程度上，也和《易傳》產生了聯繫之處。

〔註34〕荀子著，楊倞注，王先謙集解：《荀子集解》，台北：藝文印書館，1967，頁28。

就歷來學者所考，《易傳》的成書時代與作者，以及歸屬於哪家學派的著作，都各有支持的學說論著。〔註35〕在此，筆者以為《易傳》應當成書於孔子之後，以至於漢代初年這段時間，甚至在成書的年限上限，我們還可以往後推至孟荀之後的年代。而且其書所呈現的思想，應當還是屬於儒學思想的範圍。〔註36〕當我們爬梳出《易傳》的成書與學派後，就可以將易傳擺進原始儒家，到漢初儒學思想中間這塊區域當中，成為儒家學說轉化的一塊基石。

觀《易傳》對於「天地之道」的生成理論：

> 天地感，而萬物化生，聖人感人心，而天下和平。觀其所感，而天地萬物之情可見矣。 （《咸·彖》）〔註37〕

> 天地絪縕，萬物化醇。男女構精，萬物化生。 （《繫辭傳》）

> 有天地，然後萬物生焉。 （《序卦傳》）

〔註35〕對於《易傳》的作者與成書時代，歸納起來有以下幾種觀點：一、《易傳》的成書年代不晚於孔子說，以郭沂為代表；二、春秋末期說，即為孔子做《易傳》說，此說為傳統觀點，以司馬遷《史記·孔子世家》以降，如班固、劉向皆同意此觀點，並多引用《史記》之言，然此說非首出於《史記》，而是緯書《周易·乾鑿度》，但該書多半被視為偽書，故後人多把《史記》之言當為孔子做《易傳》的根據；三、《易傳》非孔子所作論，以歐陽修為首倡者，近代學者如馮友蘭先生也持相同看法；四、戰國初期與戰國中期說，以劉大鈞先生所倡，將《易傳》各篇文字特色與其他傳世作品如《老子》、《莊子》等作比較，將年限往下降；五、戰國中期與戰國晚期說，以張岱年先生為主；六、秦漢時期說，以李鏡池先生為代表，論點皆在李先生著作《易傳探源》一書當中。就筆者觀之，《易傳》思想中雜有道家、陰陽家等思想特色，這種思想成份在早期純粹的儒家思想，如《論語》、《孟子》中出現機率，應當是微乎其微者，是以《易傳》之成書時代，其上限最早也要放在孟子之後，也就是戰國中晚期以至於秦漢時期這段時間，或者是比較客觀的看法。以上整理部份出自於王杰：〈尋求儒家思想形而上的價值依據——《易傳》儒道結合的政治思想〉，《周易研究》2005年第1期。

〔註36〕《易傳》之學派歸屬問題考辨，有其下幾種論點：一、認為《易傳》與思孟學派有關，屬於思孟學派作品；二、認為《易傳》與荀學有關，因為《易傳》當中的天人思想，有某部份與荀學有所類似，故有此說；三、陳鼓應先生從馬王堆出土帛書《黃帝四經》、帛書《繫辭》與《易傳》比較研究，以為《易傳》應為道家系統作品。筆者就此三點觀之，儒學吸收其他家派學說以成己說的思想，或可解釋為《易傳》思想的構成原因，因此在其後才會有如陸賈、賈誼、董仲舒等的儒學思想延伸，所以我們依然可以將《易傳》視為儒家的作品。以上整理部份出自於王杰：〈尋求儒家思想形而上的價值依據——《易傳》儒道結合的政治思想〉，《周易研究》2005年第1期。

〔註37〕程頤、朱熹：《易程傳·易本義》，台北：河洛圖書出版社，1974年，以下引《易傳》皆出於本書，故不夾用隨頁注，僅注篇名於引文之後。

《易傳》在此說法明顯揉合了道家宇宙觀的思想，類似於《老子》「道法自然」的思想觀念，但是《易傳》這種從「天地之道」關照到「人倫之道」，正好是替「人倫之道」找到了一個最好的依據，往下探索到《新語》的首段，與其說更不謀而合：

> 傳曰：「天生萬物，以地養之，聖人成之。」功德參合，而道術生焉。
> （《新語·道基》）

可見陸賈提出「天地之道」與「人倫之道」二者的關係，是其來有自，而非獨立創造。再者，從《易傳》對於「人倫之道」的敘述，我們更可以看出《新語》所依循的軌跡：

> 有天地然後有萬物，有萬物然後有男女。有男女然後有夫婦，有夫婦然後有父子。有父子然後有君臣，有君臣然後有上下，然後禮義有所錯。　（《序卦傳》）

> 於是先聖乃仰觀天文，俯察地理，圖畫乾坤，以定人道，民始開悟，知有父子之親，君臣之義，夫婦之別，長幼之序。於是百官立，王道乃生。　（《新語·道基》）

兩段文字的陳述雖然有所差異，但是從「人倫之道」出自於「自然之道」，「人倫之道」應法「自然之道」的角度觀之，此二者欲表達的思想卻是一致的。

　　在兩者思想形成的背後，我們可以看到一個共通點，那就是儒家思想在孔孟荀之後，正在試圖做自身的改變與突破，都漸漸的援用其他學派思想來補足本身的缺漏之處，表現在《易傳》上的思想成為了後世宋明學者建構宇宙論的依據，而陸賈則用《新語》將儒學加入了政治的實用色彩。當然陸賈的《新語》由於是應帝王而生，帶有政治色彩的書籍，所以在天道觀與人道觀方面的思想自然有其缺憾，不過在儒學改變的歷程中，由《易傳》的映證來看，陸賈《新語》所表現出來的思想，的確是一條承繼傳統，與改變創新的正道。

二、開啟「天人思想」的觀念

　　陸賈《新語》之中提到的「道」，即是「天地之道」與「人倫之道」，這樣的思想開啟了漢代後來「天人合策」思想的盛行。孔子罕言天命，因此天命觀念在孔子身上不易尋找；孟子人性論中，本性原始是與天道一貫相承，故倡言「性善論」；荀子因為主張性惡論，因為人之所為應當與天無關，故主張以「禮」來約束人之作為，提倡「天人之分」觀念；而陸賈的思想認為人之所為應循天道而行，從荀子處找出了其思想的矛盾點，兩者並用之以成自己的天人觀。

這樣的天人觀點，在儒家學說中實為一創舉，而且更容易利用於政治思想，故後來的賈誼發展這種理論，成為了「君權神授」的觀點，強化了漢王朝為天之所賜的合理性，賈誼《新書・數寧》言：

> 臣聞之，自禹以下五百歲而湯起，自湯已下五百餘年而武王起。故聖王之起，大以五百為紀。……及今，天下集於陛下，臣觀寬大知通，竊曰足以操亂業，握危勢，若今之賢也。明通以足，天紀又當，天宜請陛下為之矣。〔註38〕

這樣的思想除了可以明顯看到是從《孟子・公孫丑》篇而來〔註39〕，其實更是從陸賈天人思想觀強化而來，《新語・道基》通篇就是在講述秦之所以失天下，漢所以得天下之因果，只是賈誼特別強化了這種合理性而已。

在賈誼之後的董仲舒，更加將「天人合策」的思想發展到更完備的狀態。董仲舒的《春秋繁露》與〈天人三策〉就是混合了陰陽家思想與「天人合策」觀念，所提出的「天人相應」的思想系統，試見《漢書・董仲舒傳》：

> 臣聞天之所大奉使之王者，必有非人力所能致而自至者，此受命之符也。天下之人同心歸之，若歸父母，故天端應誠而至。《書》曰「白魚入于王舟，有火復于王屋，流為鳥」，此蓋受命之符也。周公曰「復哉復哉」，孔子曰「德不孤，必有鄰」，皆積善累德之效也。〔註40〕

董仲舒以「天人」的關係強化了君權神授的概念，同時也為了制衡君權的強化，用天災異變來約束君權的過度發展。這原本是要以神權（天道），來約束君王（王權），讓君王能夠正視天道以行仁義之治，但是這樣的思想觀念，最後反倒落入了「神道設教」的侷限中，君王以「神權」來強化其專制的統治權，這些卻是董仲舒始料未及的。到了《白虎通義》的思想中，更是產生了「以人度天，以天治人」這種思想上循環論證的謬誤。但是，雖然「天人合策」系統思想後來出現了曲解的弊病，陸賈還是替儒學的創新提出了一條嶄新的道路。

三、開拓儒家思想之包容性

在陸賈之前的儒家學說，其實是具有一種「排他」的問題存在，最重要的

〔註38〕賈誼：《新書校注》，北京：中華書局，2000年。
〔註39〕《孟子・公孫丑》：「彼一時，此一時也。五百年必有王者興，其間必有名世者。」（朱熹集註，蔣伯潛廣解《四書廣解・孟子》，台北：啟明書局（無著錄出版年代），頁105）
〔註40〕班固：《漢書・董仲書列傳》，台北：泰盛書局，1976，頁2500。

例證莫過於孟子之所言：

> 楊朱、墨翟之言盈天下。天下之言，不歸楊則歸墨。楊氏為我，是
> 無君也。墨氏兼愛，是無父也。無父無君，是禽獸也。（《孟子·滕
> 文公下》）〔註41〕

> 孟子曰：「楊子取『為我』，拔一毛而利天下，不為也。墨子『兼愛』，
> 摩頂放踵利天下，為之。子莫『執中』，執中為近之。執中無權，猶
> 執一也。所惡執一者，為其賊道也，舉一而廢百也。」（《孟子·盡
> 心上》）〔註42〕

事實上學者皆知楊朱、墨翟的思想並非如此簡單，但是孟子皆一言而加以否定，雖然這牽涉到當事百家爭鳴的問題，但我們也可以從此見到原始儒學的排他性。但是儒家思想進入漢代之後，「因時制宜」的問題就變的極其重要，因為漢高祖本身不喜儒生的關係，所以儒學若要發展，勢必改換觀念。是以在前有叔孫通改楚服之舉，後有陸賈批判「焉能馬上治天下」之事，儒家學者在行為上開始有所變通。陸賈《新語·術事》中的理念更把這種「包容性」形諸於文字：

> 故制事者因其則，服藥者因其良。書不必起仲尼之門，藥不必出扁
> 鵲之方，合之者善，可以為法，因世而權行。（《新語·術事》）

陸賈在此主張儒術不一定要獨尊，只要「合之者善」，那麼採集諸子之說，互補其長短之處又何妨。更重要的是強調「因世而權行」這種因時制宜的觀念，這樣的觀點是因為時代需求而產生的一種思想重新建構，但是這樣觀念打開了儒家思想可以合理吸收各種學說優異部分的觀點，例如後來董仲舒吸收陰陽家觀點來補足「天人思想」的部份，《鹽鐵論》記載了儒家經濟思想的建立與發展，《白虎通義》重新建構天人思想觀，這些理論往上追溯，都可以從陸賈的《新語》找到其根源。

再者，因為陸賈順時應世的觀念，讓儒家思想得以延續，因為其思想接受了儒家傳統觀念，又體會到現實社會需求，所以《新語》一書出後，《史記·陸賈傳》曰：「每奏一篇，高帝未嘗不稱善，左右呼萬歲。」〔註43〕，

〔註41〕朱熹集註，蔣伯潛廣解《四書廣解·孟子》，台北：啟明書局（無著錄出版年代），頁153。

〔註42〕朱熹集註，蔣伯潛廣解《四書廣解·孟子》，台北：啟明書局（無著錄出版年代），頁328。

〔註43〕司馬遷著，裴駰集解，司馬貞索隱，張守節正義：《史記三家注》，台北：七略出版社，1991年，頁1098。

可見陸賈在儒學歷史上對於儒家思想發展之貢獻。

結語

　　春秋戰國時代，中國因為各諸侯王的割據，提倡各種不同學說的人才就此竄起，儒者的性格我們可以從從論語所錄：「知其不可而為之者」而得知，觀其所行止，儒者是一種以道德取向作為理論核心，而且可說是一群固執的儒家學說提倡者。不過這樣的儒家人格卻跟著時代慢慢的修改。到了孟子成為當代儒學主流的時候，儒學思想變的具有些「善辯」，且是急於進取的形象；儒學到了荀子手上，因為其「重禮」思想與性惡論的學說，更成為了法家集大成者韓非的理論基礎；直到進入漢代，儒學又起了一陣更大的變化。

　　儒學在漢代何以形成如此之大的變化，原因可以從歷史的發展與時代的需求兩點來看。從歷史上來看，各家學說原來皆出於春秋戰國亂世，所以各家學說自由發展，適者生存，不會受到政治因素而使學說本身自發性的改變；可是到了漢高祖統一天下，分裂的世局成為了一個大一統的國家，所以各種學說不再可能自由的發展，而是受到歷史的侷限，需要適應歷史的洪流。而時代的需求也不再強調過分的軍事力量（如：強兵政策），轉而需要內部的和諧（如：與民生息，經濟政策）。這兩種因素造成各種學說需要強制性的自我發展，不適合的學說就遭到淘汰。而漢代儒者如叔孫通、陸賈、賈誼以至於董仲舒者，皆體認到這一點事實。

　　是以儒學由現實面開始變革，叔孫通則是帶領儒者走向現實的第一人，像是變楚服以討高祖歡心，建國後為之訂立朝儀，雖然儒者傳統性格被扭曲，甚至是奴化，但是卻和當政者建立共鳴，得而更加發展。另外思想層面，在漢初則為陸賈的《新語》貢獻最高，除了接續傳統儒家的思想以外，更融合了漢初各家顯學的學說要素，加強並鞏固了儒家學說的地位，和政治做了巧妙的結合，提供給後代儒者一條具有相當發展性的大道，因此陸賈在儒家學說的發展上，實是佔有一關鍵地位。

　　總觀陸賈在《新語》中的思想，承接了儒家傳統學說是其一大重點，而更重要的是以往孔子所建立的儒者形象：「知其不可而為之者」，在陸賈後融入了屈伸有道精神法則。另外他改變了當政者對於儒家思想的看法，讓儒家思想進入真正可以左右世局的局面，當然最主要的原因還是因為主政者欣於儒家的文化禮儀形式，對於政治上的「有效性」。雖然未必表示執政者對於儒家能有

真正的理解，但結合了政治之後的儒家學說，確實對往後兩千多年的歷史產生了巨大的影響，甚至所有中國人的群體潛意識也在這樣的影響下，產生了根深蒂固的「儒家情結」。

參考資料

一、古籍資料（依著作時代先後）

1. 王弼撰，陸德明釋文：《老子道德經注》，台北：世界書局，1962 年。

2. 郭象注，陸德明釋文：《莊子集釋》，台北：世界書局，1962 年。

3. 荀子著，楊倞注，王先謙集解：《荀子集解》，台北：藝文印書館，1967 年。

4. 陳啟天：《增訂韓非子校釋》，台北：台灣商務印書館，1982 年。

5. 陸賈著，王利器校注：《新語校注》，北京：中華書局，1986 年。

6. 賈誼：《新書校注》，北京：中華書局，2000 年。

7. 司馬遷著，裴駰集解，司馬貞索隱，張守節正義：《史記三家注》，台北：七略出版社，1991 年。

8. 班固：《漢書》，台北：泰盛書局，1976 年。

9. 程頤：《易程傳》，台北：文津出版社，1985 年。

10. 朱熹集註，蔣伯潛廣解《四書廣解》，台北：啟明書局（無著錄出版年代）。

11. 許嘉璐主編：《諸子集成》，陝西省：陝西人民教育出版社，1995 年。

二、近人專著（依姓名筆劃）

1. 王壽南總編輯：《中國歷代思想家》，台北：台灣商務，1978 年。

2. 王興國：《賈誼評傳》，江蘇：南京大學出版社，1992 年。

3. 余嘉錫：《古史辯》，台北：藍燈文化，1987 年。

4. 周桂鈿：《秦漢思想史》，石家莊：河北人民出版社，2000 年。

5. 金春峰：《漢代思想史》，中國社會科學出版社，1987 年。

6. 韋政通：《中國思想史》，上海：上海書店，2003 年。

7. 張立文主編：《道》，台北：漢興書局，1994 年。

8. 勞思光：《新編中國哲學史》第一冊，台北：三民書局，1991 年。

9. 韋美高：《陸賈《新語》序論》，新加坡：中外翻譯出版社，1990 年。

10. 馮友蘭：《中國思想史》，北京：中華書局，1992 年。

11. 謝祥皓、劉宗賢：《中國儒學》，台北：水牛出版社，1995 年。

12. 龐樸主編：《中國儒學》，上海：東方出版社，1997 年。

三、期刊論文（依姓名筆劃）

1. 王杰：〈尋求儒家思想形而上的價值依據——《易傳》儒道結合的政治思想〉，《周易研究》2005 年第 1 期。

2. 任懷國：〈試論陸賈對儒學的改造〉，《煙台師範學院學報》，2001 年第 18 卷第 4 期。

3. 胡勝軍：〈陸賈與漢初儒學的復興〉，《大連教育學院學報》，1995 年第 15 卷第 2 期。

4. 梁宗華：〈論陸賈的儒學觀〉，《東岳論叢》，1994 年第 6 期。

5. 黃宛峰：〈叔孫通、陸賈與漢初的儒學走向〉，《史學月刊》，1995 年第 3 期。

6. 蔡忠道：《陸賈思想之研究》國立高雄師範大學，國文研究所碩士論文。

附錄二：林慎思的儒學實用思想初探 [註1]

前言

　　唐代的儒學思想在整個思想史的體系當中，是相當容易被忽略的一環，因為前有崇尚自由之論的魏晉玄學，將儒學與道家思想相融並貫通，為儒學注入了一種新生命；後有宋代理學，儒家學說在這個時代被重新建構，納入了完整的形上思想體系。而唐代時，佛學思想開始「中國化」，且大力衝擊當代思想界，因此在思想史上，對於唐代的討論，反倒是著重在佛學思想之上，幾乎不見儒學思想在當代的光芒。

　　不過魯迅所說晚唐思想是「一蹋糊塗的泥塘裡的光彩」[註2]，倒也可見儒學思想在晚唐思想中的一種創發性。雖然從中唐以後，儒學思想沒有再出現如同韓、柳論「天」之辯的儒學形上思想之精采辯論，不過考慮到整個歷史背景的發展以後，當代學者的辛苦之處可想而知。林慎思正是處在這種動亂時代的儒士之一，除了履行儒家所謂的「仁義」之思，具有傳統儒家學者憂國憂民的情懷，還多了對於國家「忠誠」與否的問題。歸納林慎思所著《伸蒙子》與《續孟子》二書，可以觀察到其所呈現的思想，多半屬於應用層面的儒學思想，對於政治民生的著眼點較多，是儒學思想中實用層面的表現。

一、林慎思其人與其著作

　　林慎思其人生平概要，試見《福建通志》：

〔註 1〕初題為「林慎思的儒學實用思想研究」，後因文章內文稍有修訂，故改「研究」為「初探」。初時發表於「發表於 2007 三校研究生碩博士論文聯合發表會（三校研究所分別為：台北市立教育大學中國語文研究所、國立台北教育大學台灣文學研究所、國立台東大學語言教育系碩士班）」，後授權刊載於林玉琰主編：《林慎思研究》（香港文學報社出版公司，2008 年 2 月）。

〔註 2〕魯迅：《魯迅全集·南腔北調集》，北京：人民出版社，1981 年，頁 575。

> 林慎思，字虔中，長樂人，咸通十年進士，復中宏詞科，拜校書郎。
> 乾符中，群盜蜂起，百姓流殍，僖宗日與宦者燕嬉，慎思與莆田余
> 鎬累疏切諫不納，出為萬年令。廣明元年，黃巢陷長安，慎思領兵
> 出戰，力不支欲自剄，賊執之逼降，慎思踞床大罵，北向稽首，遂
> 遇害，年三十七。友人周岌匿慎思母與妻子，及所著《續孟子》二
> 卷，《伸蒙子》三卷，《文集》二卷，南歸。〔註3〕

由此處的記載，我們可以得知林慎思為人耿直忠義，雖累次進諫唐僖宗不成，
但依然對唐朝政府忠心不已，甚至被黃巢亂黨所俘虜，依然堅守氣節，罵賊而
死，可謂一忠烈之士。而《福建通志》所載林慎思著作，今僅餘《續孟子》二
卷，《伸蒙子》三卷。而《文集》二卷雖有其目，但在《宋書‧藝文志》中已
不錄，可見此書在宋代或宋代以前就已散佚，因此林慎思的思想目前僅可就
《續孟子》、《伸蒙子》中觀得。

《四庫總目提要》在林慎思所著《伸蒙子》前有言：

> 唐‧林慎思撰，前有慎思自序曰：「舊著〈儒範〉七篇，辭艱理僻，
> 不為時人所知。復研精覃思，一旦齋沐禱心靈，是宵夢有異焉，明
> 日召著祝之，得蒙之觀曰：『伸蒙入觀，通明之象也。』因自號《伸
> 蒙子》。」又曰：「嘗與二三子辨論興亡，敷陳古今。編成上中下三
> 卷。槐里辨三篇，象三才，敍天地人之事；澤國紀三篇，象三人，
> 敍君臣人之事。時喻二篇，象二教，敍文武之事。」……非唐時天
> 隱無能，諸子所可彷彿。崇文總目列之儒家，蓋為不忝。〔註4〕

《易程傳》程頤注蒙卦曰：「物必生蒙，故受之以蒙。……物始出，未有所之，
故為蒙，及其進，則為亨義。」〔註5〕，從這裡我們可以知道林慎思字號伸蒙
子之意為何。蒙卦即有「啟蒙」之意，「蒙」除了「懵懂」義外，亦有被「蒙
蔽」之意，而林慎思生處之時，國之為「蒙」，是以自號「伸蒙」，乃欲以己身
之學，貢獻於學術界與國家：除了清晰本身思路之外，更願救國於蒙昧之中，
最後天下得亨。因此宋代劉弇才會說：「晚有林慎思者，亦能時時搖筆以振拔
汙世。」〔註6〕，這就是何以林慎思的著作當中充滿救世熱忱與實用思想的原

〔註3〕孫爾準修，陳壽祺纂：《福建通志》，台北：華文書局，1967年。
〔註4〕永瑢等撰：《四庫全書總目提要》，上海：商務出版，2002年。
〔註5〕程頤著：《易程傳》，台北：文津出版社，1990年，頁43～44。
〔註6〕劉弇撰：《龍雲集》，台北市：台灣商務，1982年，卷十八。

因了。不過可惜的是，林慎思傳世資料僅《伸蒙子》與《續孟子》兩部短小的著作，對於其思想並不能夠藉由此二書籍觀察到其全面性的想法，這部份是在林慎思思想研究上的一大缺憾。

關於林慎思著作部份，除了上述的《伸蒙子》外，《續孟子》是其傳世的兩部作品中，直接與儒家學說聯繫的作品。《史記・孟荀列傳》所載，《孟子》其書應該「至少」是孟子本人「口述」，弟子萬章等人據言實錄，其書成果，應當孟子能夠經眼。不過《崇文總目》云：「慎思以為《孟子》七篇非軻著書，而弟子共記其言，不能盡軻意，因傳其說，演而續之。」〔註7〕這裡談到林慎思以為《孟子》非本人所撰述，因此不能夠代表孟子本人全部思想。然而，林慎思此言卻將自己續書的作法，變成了自己思想中的矛盾。試問，既然孟子無所著書，又其弟子不能盡傳孟子本人之意，那麼林慎思所謂「因傳其說，演而續之」，傳的是誰的說法，續的又是誰的思想？在此矛盾下，《四庫全書總目提要》的批評就顯得非常的中肯：

> 今觀其書十四篇，大抵因孟子之言，推闡以盡其義；獨其不自立論，而必假借姓氏，類乎莊列之寓言。又如與民同樂，本莊暴齊王之事，而移於隔章之樂正子魯君，義頗無取。然其委曲發明，亦時有至理，不可廢也。〔註8〕

如果就林慎思的本意來看，他在《續孟子》中要表達的，應當是要從孟子理論中再演繹儒家的思想學說，然觀其書之所載之事，於史無所根據，幾乎是憑空杜撰的事件，因此從儒家學術傳承上的角度來看，《四庫提要》給予「義頗無取」這樣的批評，尚為言輕。然而若把該書視為林慎思個人對於儒家學說的發揮，《續孟子》這部書中所表達出來的思想，則成為了該世的「一點星光」，他個人的思想觀點，就可以從這個角度觀察得到，並可以看見林慎思在儒學思想領域中的創造，是以《四庫提要》言「然其委曲發明，亦時有至理，不可廢也」，亦是客觀公正的評論。

二、林慎思的儒學實用思想

林慎思的思想當中，就其著作《續孟子》一書觀之，即可得知林慎思的思想是屬於宗儒一脈，觀其著作理論，則可謂儒家思想中，實用思想的發揮。在

〔註7〕王堯臣，錢東垣：《崇文總目》，台北：台灣商務，1987年。
〔註8〕永瑢等撰：《四庫全書總目提要》，上海：商務出版，2002年。

其儒學實用思想上，其立論基礎有二，「義利之辨」之思想，以及「重賢」觀念的發揮。因此本段重點則在於此二處的觀察，看出林慎思對於傳統儒學之延續與創發的思考。

（一）林慎思「義利之辨」之思想

在林慎思兩部傳世的作品當中，《續孟子》一書，開卷首篇即談到義利之辨的問題，試見《續孟子·梁大夫》：

> 梁大夫見孟子，問曰：「吾聞夫子教王遠利而易以仁義，有諸？」孟子曰：「然。」大夫曰：「吾家有民，見凍餒於路者，非其親而救之，脫衣以衣之，輟食以食之，及已凍餒幾死，是其親而不救之，而何？」孟子曰：「噫，是大夫從王厚利而薄仁義故也，厚利率民，民爭貪欲，苟有獨持仁義者，宜乎不得全其身矣。昔楚有靳氏父子，相傳以溫鳩醉人者，客過其門，則飲之，未嘗不斃於路矣。卒有孺子，能哀客而告之，然後鳩十九不行焉。洎靳氏怒，反鳩孺子矣。然而靳氏家習不仁也，孺子身盜為仁矣，一身盜為仁，而罪一家習不仁，其家孰容乎？今大夫有仁能救民之凍餒也，是謂身盜為仁矣，及己之凍餒不得人之救者，豈非其家不容乎？大夫苟能與王移厚利之心，而在仁義；移薄仁義之心，而在利，則上下移矣。然而仁義非盜而有也，欲人不容其可得乎？故易曰：「立人之道曰：『仁與義』」。

（《續孟子·梁大夫》）〔註9〕

林慎思在此處虛擬梁大夫與孟子的問答，而且將義利問題具體化為一種非常驚悚的寓言情節，以靳氏父子為例，子雖有仁義之心，但卻不見容於不義之家，因仁而損其生命，甚至死於其父之手。強調在上位者，若無心於「義」，則百姓萬民雖心存「義」，卻不能夠由義行事，何以致此？就是因為上位者「無義而以利」，萬民若從義而行，反為義所害，不如順「利」而行，上下因而可以交相賊，國本動搖，上下由利而行，最終反遭利而害。以這種非常極端的例證來說明義利之辨，欲以正國君之視聽，使上位者了解「義利」二者的關係，主動從義而行，達到以上移下的功效。這裡的「義利之辨」可以明顯的看見是孟子「義利之辨」的延伸論述，孟子談論義利的問題，最常見者有下面兩則：

> 孟子見梁惠王，王曰：「叟！不遠千里而來，亦將有以利吾國

〔註9〕楊家駱主編：《隋唐子書十種》，台北：世界書局，1967年，《續孟子》，卷上。

乎？」……上下交征利，而國危矣。……苟為後義而先利，不奪不饜。未有『仁』而遺其親者也；未有『義』而後其君者也。王亦曰『仁義』而已矣，何必曰『利』？」（《孟子・梁惠王上》）〔註10〕

宋牼將之楚，孟子遇於石丘，曰：「先生將何之？」……曰：「先生之志則大矣，先生之號則不可。……君臣、父子、兄弟終去仁義，懷利以相接；然而不亡者，未之有也。先生以仁義說秦、楚之王，秦、楚之王悅於仁義，以罷三軍之師；是三軍之士樂罷而悅於仁義也。……君臣、父子、兄弟去利，懷仁義以相接也；然而不王者，未之有也。何必曰利？」（《孟子・告子下》）〔註11〕

在孟子的思考之下，行「仁義」之治與「近利」之舉，最終將導致國家「治」或者「亂」的結果，人與人之間的關係，也是處在究竟以「義」或者與「利」的出發點的不同，而形成不同的結果。不過孟子則言盡於此，林慎思的《續孟子》根據孟子的思想脈絡提出「義利之辨」這部份的延伸思考，可謂孟子思想的例證補充，並且把一國若從利，仁義將不見容於國這段思考，將孟子的未盡之言表達出來，這是林慎思思想中非常具有創造性的思考。這種思想也可以在《伸蒙子》書中看到：

斯不亦用去害而為害，化利而失利歟。（《伸蒙子・諷失》）〔註12〕

吾見今為不仁，但多防誤者矣，孰見今為仁，有不防誤者邪。（《伸蒙子・書誤》）〔註13〕

雖然在此處林慎思並未直言什麼才是造成「去害而為害」、「至仁而反不仁」的真正原因，直接就《伸蒙子》的文本而論，「盜寇之未由卒捕」、「吏未勸農桑，而奪民之粟帛」，或者「鑿井而墜人」、「反德立署者」，林慎思提出這些出了問題的地方，都是因為沒有先預設一種「仁義在後」的基礎思想在其事件背後，是以出現了各種「不由其方」的錯誤。

然而比較可惜的地方，林慎思在《伸蒙子》中的想法僅呈現了原因與結果，並無改正這種謬誤的方式。《續孟子・梁大夫》中，雖然他有提出處理的方式，

〔註10〕朱熹集註，蔣伯潛廣解《四書廣解・孟子》，台北：啟明書局（無著錄出版年代），頁3～4。

〔註11〕朱熹集註，蔣伯潛廣解《四書廣解・孟子》，台北：啟明書局（無著錄出版年代），頁290～291。

〔註12〕楊家駱主編：《隋唐子書十種》，台北：世界書局，1967年，《伸蒙子》，卷下。

〔註13〕楊家駱主編：《隋唐子書十種》，台北：世界書局，1967年，《伸蒙子》，卷下。

但依然還是孟子所言的「由上而下」這種風行草偃的方法，沒有提出其他具體作為，以供行政者採納，成為了他「義利之辨」立論下的缺失。不過端看林慎思個人行事，則是以生命實踐他所強調的以「仁義」為體的思想，但也相當諷刺的，他也成為了自己所說的「身盜為仁」的例子了：

> 孟子談仁義數萬言，一以正人心為己任，伸蒙子續孟，其有孟氏之志乎哉。然伸蒙處黃巢之亂，以萬年令罵賊死官，方其罵賊，豈不知其必死哉？義在於死而不利於苟生也，質之孟氏，非所謂真知義利之辨者哉？〔註14〕

孔曰成仁，孟云取義，身處亂世之中，上已無綱紀可言，何來仁義治國之有？然而觀看當時的歷史背景，黃巢之亂造成國家的動盪，即使李唐政府有心想要行仁義之治，卻也無力施行，林慎思自己也說：「苟使逃去，則無忠臣死諫之名垂於後代也。」〔註15〕，就此角度來看林慎思的罵賊而死，雖然不免成為他自己筆下「身盜為仁」的反例，不過若以此犧牲而成為天下典範，其死卻也「重於泰山」。

（二）林慎思的「重賢」觀念

國家欲治，須由上而下從義而行，但君王還是人，或偶有失去向義之心，因此就需要有賢者的輔佐，甚至君王本身就必須要有聖人的修養，因此傳統儒學思想中，「重賢」思想一直是相當重要的一個部份。而〈禮運大同篇〉所述，即可謂傳統儒學「重賢」思想的總整理：

> 大道之行也，天下為公。選賢與能，講信修睦，故人不獨親其親，不獨子其子，使老有所終，壯有所用，幼有所長，矜寡孤獨廢疾者，皆有所養。男有分，女有歸。貨惡其棄於地也，不必藏於己；力惡其不出於身也，不必為己。是故謀閉而不興，盜竊亂賊而不作，故外戶而不閉，是謂大同。　（《禮記・禮運》）〔註16〕

在儒家終極目標的大同世界中，特別強調「力惡其不出於身也，不必為己。」這樣的概念，人之所以生存，就是要為「生存」奉獻。而「生存」並非單單只是「生活」的概念，還有「存在」的意義。人之所以「存在」，即要順著「本來就應該要做的事」，這件事就是我們所講的「義」。因此賢人出而為萬民，萬民因賢人而順義，順義而萬事興，這是一種理想的實現過程與基礎，這種思想

〔註14〕林慎思：《續孟子》，台北：藝文出版社，1967年。黃堯臣跋。頁4。
〔註15〕楊家駱主編：《隋唐子書十種》，台北：世界書局，1967年，《伸蒙子》，卷中。
〔註16〕孫希旦撰：《禮記集解》，台北：文史哲出版社，1990年，頁582。

直承孔孟而來，孔孟思想中「重賢」的觀念也是不可抽離的一部份：

> 子貢問為仁。子曰：「工欲善其事，必先利其器。居是邦也，事其大
> 夫之賢者，友其士之仁者。」（《論語‧衛靈公》）〔註17〕

> 子曰：「先有司，赦小過，舉賢才。」（《論語‧子路》）〔註18〕

> 孟子曰：「禹惡旨酒而好善言。湯執中，立賢無方。文王視民如傷，
> 望道而未之見。武王不泄邇，不忘遠。周公思兼三王，以施四事。
> 其有不合者，仰而思之，夜以繼日；幸而得之，坐以待旦。」（《孟
> 子‧離婁下》）〔註19〕

> 孟子曰：「尊賢使能，俊傑在位，則天下之士皆悅而願立於其朝矣。」
> （《孟子‧》公孫丑上》）〔註20〕

在孔子的言論中，我們已經可以看到「重賢」思想在儒學思想中的重要地位，
孔子將賢人比喻成「善事之器」。而孟子更加以衍伸，把「重賢」觀念拉抬為
施行仁政所必要的重要環節。林慎思的儒學思想更是承此而來，他在《伸蒙子》
中，有〈廣賢〉一篇：

> 求已先生曰：「周公吐哺以急賢，然未聞賢肖周公，何為急邪？」伸
> 蒙子曰：「周公以急賢之心，要四方之心，不在肖周公而急之也，若
> 必肖周公而方急之，則無賢可急，何以要四方之心乎？夫賈者積金
> 市物，聞鬻者之聲，則必躍然而近之，雖物不合賈者，亦償金而取
> 焉，所以不阻四方之物也。不阻四方之物，則四方之心嚮焉。周公
> 設禮以待士，聞有士之名，則必欣然而迎之，雖士不及周公，亦下
> 禮而接焉，所以不阻四方之士也。不阻四方之士，則四方之心歸焉，
> 則知急賢之心，要四方之心也，豈有肖周公而後急之邪？」（《伸
> 蒙子‧廣賢》）〔註21〕

〔註17〕朱熹集註，蔣伯潛廣解《四書廣解‧論語》，台北：啟明書局（無著錄出版年
代），頁236。

〔註18〕朱熹集註，蔣伯潛廣解《四書廣解‧論語》，台北：啟明書局（無著錄出版年
代），頁190。

〔註19〕朱熹集註，蔣伯潛廣解《四書廣解‧孟子》，台北：啟明書局（無著錄出版年
代），頁196。

〔註20〕朱熹集註，蔣伯潛廣解《四書廣解‧孟子》，台北：啟明書局（無著錄出版年
代），頁77。

〔註21〕楊家駱主編：《隋唐子書十種》，台北：世界書局，1967年，《伸蒙子》，卷上。

周公之賢，孔子在《論語》中多番推崇，何以其「吐哺以急賢」，林慎思就把這種「重賢」思想，加入了一些政治上的思考，認為其「重賢」的概念，不僅僅只是為了孔孟所謂的「賢人政治」，更有一種「本朝用賢，賢人必舉」的宣示效果，凝聚了在野賢士對於政府的向心力。然而比較可惜的是，雖然林慎思在其著作中有點到「重賢」觀點，但在其背後，卻不見「重賢」思想是為何而立的理論基礎。孔孟論「重賢」思想，「仁」字皆隱含在這樣思考的背後，這種以「仁」為本的「重賢」概念，應當是一種上與下對等，進而達到「君君、臣臣」境地，缺少了這樣的基礎，就如周武「忠、孝」二者不全，不可稱之為「仁」者，因此伯夷、叔齊雖為賢人則不出為武王謀，餓死於首陽山。雖然林慎思在其他地方有論「仁」處，但無法將他所談及的「仁」字看為其思想的第一因，進而以其統攝其他思想，這是比較可惜的部份。

不過除此之外，林慎思倒是對孟子的「識賢」理論做了更具體的發揮，試見《孟子・梁惠王下》：

> 王曰：「吾何以識其不才而舍之？」曰：「國君進賢如不得已，將使卑踰尊，疏踰戚，可不慎與？左右皆曰賢，未可也；諸大夫皆曰賢，未可也；國人皆曰賢，然後察之；見賢焉，然後用之。左右皆曰不可，勿聽；諸大夫皆曰不可，勿聽；國人皆曰不可，然後察之；見不可焉，然後去之。左右皆曰可殺，勿聽；諸大夫皆曰可殺，勿聽；國人皆曰可殺，然後察之；見可殺焉，然後殺之。故曰國人殺之也。如此，然後可以為民父母。」（《孟子・梁惠王下》）[註22]

孟子云「識賢」之方，則在於以民意為本的基礎上，若就方法論的角度觀之，這種理論的提出似乎過於模糊，是以林慎思以孟子思想本身作為依據，把「識賢」概念說的更為清楚：

> 齊宣王問孟子曰：「吾欲任忠去邪，用得其當，唯左右前後，賢不肖孰辨邪？」孟子曰：「用之而已矣。」王曰：「惡知可用而用乎？」曰：「王誠不見，所以用也。夫材既伐矣，離於山谷，處於庭廡，久則圬墁，以封苔蘚，以周目之於外，誠不分其松櫟也。在斧以削之，斤以斲之，索其內，然後辨矣。賢不肖在王之左右誠久矣，進退以恭，言容以莊，目之於外，誠不分其賢不肖也，在祿以誘之，勞以

〔註22〕朱熹集註，蔣伯潛廣解《四書廣解・孟子》，台北：啟明書局（無著錄出版年代），頁44～45。

處之，索其內，然後辨矣。王苟不用，則賢不肖何以別乎？」（《續
孟子‧齊宣王》）〔註23〕

這段理論似得孟子之真精神，賢與不肖之人，何以辨之？最簡單的方法就是用
之以得辨。只要讓所用之人曝於左右、諸大夫與國人之前，國君只要蒐集其言
論，即可「索其內」，而得其人之為賢或不肖。以林慎思如此思考照應孟子想
法，對於儒家「識賢」之方，則為補全。

三、林慎思的「教育概論」

在上一節提到林慎思的思想當中，對「義利之辨」與「重賢」的思想有番
論述，無奈當時的世局混亂，在位者根本無力亦無法實行。林慎思是以退而求
其次，試圖從可以由個人本身做起的「教育」著手，因此本節要探討的就是林
慎思對於教育的概論。

（一）以「孝道」為本與環境教育的教育理念

儒家思想強調從親而疏，由家至國，是以子曰：「君君、臣臣、父父、子
子。」〔註24〕，由親子之間的孝道，再延伸至對國家、君王應盡忠的觀念，因
此儒家思想對「孝道」的思考，便為林慎思所借，由此處建構他的教育理念：

> 咸丘蒙問曰：「吾聞諸仲尼立身揚名，以顯父母，孝之終也。舜瞽瞍
> 有不父之名，何也？」，孟子曰：「瞽瞍不父，天顯之也，天生大孝
> 於舜，使化天下之人也，故不生於帝裔，而生於庶人；不事於常父，
> 而事於瞽瞍。生帝裔則身先貴也，身先貴則何以育兆人乎？事常父
> 則心先安也，心先安焉能成大化之節乎？是以取庶人之窮，以處舜
> 則使舜無怠矣。」（《續孟子‧咸丘蒙》）〔註25〕

唐玄宗御注《孝經》，這樣一個從上而下的示範，除了對正統經學教育產生影
響之外，更對道德教育立下了一塊碑碣，當然除了這些原因之外，亦有在政治
上利用儒家盡孝忠君的思考存在。林慎思在這裡的思想亦是如此，他藉由儒家
這種從盡孝出發的思想，欲以矯治唐末已經混亂的社會現象，由上而下從義而
行的思考既已渺茫，那麼從本「固」起後，邦或可得「寧」。除了提倡孝道觀

〔註23〕楊家駱主編：《隋唐子書十種》，台北：世界書局，1967 年，《續孟子》，卷下。
〔註24〕朱熹集註，蔣伯潛廣解《四書廣解‧論語》，台北：啟明書局（無著錄出版年
　　　　代），頁 181。
〔註25〕楊家駱主編：《隋唐子書十種》，台北：世界書局，1967 年，《續孟子》，卷下。

念之外，他在上述引文中也引申了孟子的「責任」（responsibility）觀念〔註26〕：

> 天將降大任於是人也，必先苦其心志，勞其筋骨，餓其體膚，空乏
> 其身，行拂亂其所為；所以動心忍性，曾益其所不能。 （《孟子·
> 告子下》）〔註27〕

要培養人的責任心，最佳的教育方式就是從身處的環境來體驗，因此林慎思他認為透過艱苦的環境所培養出來的，將會是意志最堅定並且善良的人格。當然，在這裡提出這點也是有其實用目的，依然是要與當時世局劃上等號，因為世局艱苦，唯有從這點來說明上天的意志，才能夠解釋人何以要遭受苦難的原因。

藉由儒家的思想特色，加以利讓人民忠君愛國，並且使人民在艱苦的時局中，不放棄人之所以為人的原因。林慎思在教育上，與前者從在位者角度思考的思想不同，他「教育」思想的大原則是國家的根基做起，從庶民以漸至於天子，慢慢的將儒家思想從民間拓展開來。

（二）林慎思認為教育具有「遷善」的作用

在林慎思傳世的兩部作品中，雖然其中一部是直指接續孟子而來的《續孟子》，但我們見不到他的人性論是否跟孟子一樣提倡「性善」的論點，不過就他在《伸蒙子》中所言，倒是認為人的本質上的確有不同之處：

> 知道先生曰：「吾聞伊尹放太甲於桐宮，有諸？」，伸蒙子曰：「於書
> 有之。」，曰：「臣放君，忠乎？」，曰：「太甲始立，不肖，伊尹放之
> 可也。」，曰：「桀紂不肖，龍逢、比干惡不放歟？」，曰：「桀紂大不
> 肖也，安能放哉！」，曰：「吾聞狸能捕鼠，不能捕狗，則伊尹其捕
> 鼠邪？」，伸蒙子莞爾而笑曰：「先生聞良馬有害人者乎？良御必能
> 維繫以馴伏其性也；聞猛虎有啖人者乎？武士安能囚拘以馴伏其性
> 邪？太甲不肖，猶良馬也，伊尹則可維繫以遷於善也；桀紂不肖，
> 猶猛虎也，龍逢、比干豈可囚拘以遷於善乎？」，知道先生釋然曰：
> 「誠哉！吾子可謂知言矣。」 （《伸蒙子·遷善》）〔註28〕

〔註26〕 筆者按：這裡提到的「責任」（responsibility）觀念，牛津辭典解釋為「the state or fact of having a duty to deal with something or of having control over someone」，除了是自我的責任（duty）外，亦有對他人負責的意義存在，因此在此處亦有宇宙賦予你的能力之意義。

〔註27〕 朱熹集註，蔣伯潛廣解《四書廣解·孟子》，台北：啟明書局（無著錄出版年代），頁306。

〔註28〕 楊家駱主編：《隋唐子書十種》，台北：世界書局，1967年，《伸蒙子》，卷上。

上述之例乍然一見，或以為林慎思的人性論是與揚雄、王充類似，主張人性是善惡混或者有善有惡，然而林慎思之所指並非人的「本性」，而是人的「本質」。此處所謂人的「本性」與「本質」概念，即類似宋明理學家所言之「天地之性」（本性）與「氣質之性」（本質），但是並非完全相同，此處的「本質」一詞，後天形成的成份較多。林慎思在此對於人的「本性」並無著墨，只有對人的「本質」做出上述的批判，認為人在後天的養成過程中，若「惡」的一面趨近於極，若桀紂者，即使在透過教育的手段，還是無法導之向善。這點與傳統儒家所認為的人皆可已透過教育修養而至於善的思考不同，因為林慎思的思考是在實用的層面上，所以須得把人的「本質」問題看透之後，落實在教育的作用上才有意義。

理解了林慎思教育思考的背景後，再來看看其以為教育的作用究竟為何：

> 求已先生問：「人之善惡，能化而遷乎？」，伸蒙子曰：「遷矣。」，曰：
> 「性有剛柔，天然也，猶火可遷於水邪。」，曰：「善不在柔，惡不在
> 剛也。火能炮燔，亦能為災，水能潤澤，亦能為沴。及其遷也，化災
> 為炮燔，化沴為潤澤，豈在化火為水乎？人之善惡，隨化而遷也，必
> 能反善為惡，反惡為善矣。孟母正己以化於孟軻，及其遷也，非反惡
> 為善邪。齊桓大功而化於豎刁，及其遷也，非反善為惡邪。所謂人之
> 善惡，隨化而遷，不亦明乎。」（《伸蒙子‧明化》）〔註29〕

本段引文即林慎思談到他所認為教育的功用，那便是一個「遷」字。「遷」為變遷、改變之意，但是在這裡，林慎思話語之中，卻有箇中之妙，他所認為的「遷」並非單向的改變，而是可能雙向產生的變化。這一點極有趣味，在先秦儒家的教育思想中，認為教育對於人的影響皆是正面的，而沒有負面的思考存在，例如孔孟荀三人對於教育的理解：

> 子曰：「有教無類。」（《論語‧衛靈公》）〔註30〕
>
> 子適衛，冉有僕。子曰：「庶矣哉！」冉有曰：「既庶矣，又何加焉？」
> 曰：「富之。」曰：「既富矣，又何加焉？」曰：「教之。」（《論語‧
> 子路》）〔註31〕

〔註29〕楊家駱主編：《隋唐子書十種》，台北：世界書局，1967年，《伸蒙子》，卷上。
〔註30〕朱熹集註，蔣伯潛廣解《四書廣解‧論語》，台北：啟明書局（無著錄出版年代），頁246。
〔註31〕朱熹集註，蔣伯潛廣解《四書廣解‧論語》，台北：啟明書局（無著錄出版年代），頁195。

吾聞出於幽谷、遷于喬木者，未聞下喬木而入於幽谷者。（《孟子・滕文公上》）〔註32〕

人之性惡，其善者偽也。……故必將有師法之化，禮義之道，然後出於辭讓，合於文理，而歸於治。用此觀之，然則人之性惡明矣，其善者偽也。（《荀子・性惡》）〔註33〕

孔子不談人性問題，且主張「有教無類」，認為不管是什麼資質的人都可以透過教育而改變，並認為在解決人類民生問題之後，就應藉由教育來使人往更為正面積極的人生發展；孟子則是一開始就肯定了人性為善，因此對於教育的認定亦是提升人們的善性；荀子更是從性惡論作為起始點，要改變人性之惡，就要透過教育，自然地，他對於教育的作用當然是持正面論點。

林慎思則跟傳統儒家的思考不同，他認為教育既有正面的意義，亦有負面的沈淪可能。他舉出孟母三遷，使孟子脫離不良環境的影響，是屬於教育的正面作用；而齊桓公本身成為霸主，號令諸侯，張「尊王攘夷」的大旗，使中原不「被髮左衽」，然卻因寵信豎刁，而最後身亡而無人收屍，這樣即是教育的負面作用。因此我們可以知道，林慎思對於教育作用的思考，亦相當深刻，除了人的本質會影響到教育的作用外，對於教育本身的作用，也要仔細的評估。

透過以上的兩點，我們可以知道林慎思先立下教育應「以孝為本」的基礎後，使普羅大眾都能夠理解教育應是使人往「義」之處發展，也對教育本身的意涵審慎評估，從各方面的思考教育的問題。

林慎思思想中，在「義利之辨」上，上位者若根據「仁義」以為上來行政，並以「重賢」作為施政選才之輔佐，以這兩點思想背景作為基礎，進而擴展，無論在其為政，或者是人性思考上面，都能夠得到完善的結局，可惜世局並非為林慎思所料，這兩點思想在亂世當中，根本沒有施行的餘地。是以他希望輔以教育措施，從另外一個角度來為國家與民眾思考，而綜合了上述三點思想，就構成了其實用理論基礎，在實用意義的層面非常大，但可惜的是我們在林慎思傳世的兩部作品中，僅能見其雛形，而未能窺其全豹，然

〔註32〕朱熹集註，蔣伯潛廣解《四書廣解・孟子》，台北：啟明書局（無著錄出版年代），頁129。

〔註33〕荀子著，楊倞注，王先謙集解：《荀子集解》，台北：藝文印書館，1967，頁53。

而這些思想在後來宋明理學的發展當中，皆多少有論及之處〔註34〕，可見林慎思思想在唐代儒學中的意義。

結論

　　晚唐是一個兵馬倥傯、政局紛擾的時代，因此學者們在學術研究上，不得不加入對國家政治方面的思考。林慎思是史載唐朝有名的「八閩唐儒」之一，因為戰事多半集中於中原地區，是以南方士人地位逐漸抬頭，加上他宣揚自己是「續孟」的思想，儒學到了他的手上，產生了相當大的質變，當然在儒學形上的思想方面或者沒有助益，但是儒學的實用特色無疑卻是林慎思的極大貢獻。是以後世對林慎思思想進行過研究的學者，例如朱子等人，都給予其不錯的評價〔註35〕。

　　不過，林慎思的思想對當代社會是否能夠造成影響，筆者以為這一點其實是過於誇大，因為若是林慎思思想若對於當代社會與政治造成影響，唐代政府或者不會在林慎思死後二十年內就瓦解，加上林慎思官位僅至校書郎，這個職等的官位幾乎沒有政治參與的實權，更別說其學說為執政當局採納了。甚者，《舊唐書》、《新唐書》二本重要史料典籍，所載林慎思者，僅有其〈經籍志〉、〈藝文志〉所載書目與作者名稱，不見特別為其立傳，是以就此幾點證據推論，林慎思的思想在當世應當是不見用的。當然，若是從其他史料來看，林慎思為

〔註34〕筆者按：在宋明理學的討論範圍中，教育一直是理學家們所關注的焦點，最顯而易見的是書院制度的建立，就跟教育的實用思想是有直接關係的。另外「義利之辨」則是承孟子思想而來的宋明理學家們，最常討論的議題，更別提林慎思直言續孟的儒學思想了。

〔註35〕林精華、林玉琰：〈八閩唐儒林慎思〉提到：唐咸通間，林慎思兄弟五人先後俱中進士，為福建歷史上第一家兄弟五進士，時稱「五子登科」、「五桂聯芳」。長樂讀書之風因之而盛，長樂古有「海濱鄒魯」之譽，「文獻名邦」之稱，亦當溯自是時。唐懿宗賜「蘭桂同芳」匾予以褒揚，並敕改其所居崇賢鄉為「芳桂鄉」。又因慎思復中宏詞拔萃魁，故賜其里曰：「大宏里」。大宏地名一直沿用至今。因此朱熹對林慎思推崇備至，宋寧宗慶元元年，朱熹避「偽學」居長樂期間，曾經探訪林慎思兄弟的讀書處，贊謂「德成於此地」，因題篆書名其岩為「德成岩」，並書「德成精舍」四大字，說：「人人都道伸蒙好，可惜吾家不姓林。」又提及：歷代學者如黃璞、歐陽修、朱熹、鄭世威、林堯俞、劉沂春等，都曾對林慎思的學說與思想進行過研究與探討，給予很高的評價，認為他的理論對於當時社會和後來李學思想的發展都產生了一定的影響。《福建論壇（人文社會科學版）》1999 年第 6 期。

官非常清廉而有政績〔註36〕，則可以說是他自己實踐自我學說的重要證據。

就林慎思的著作而言，前面已試從「義利之辨」以至於其教育概論，討論林慎思的儒學實用思想，可見林慎思的思想是偏於實用層面，與宋明理學討論心性之學的方向，似乎是大相逕庭的。但單就林慎思的理論而言，將孟子的思想導向於實用層面以及《伸蒙子》書中大量的政治實用思想〔註37〕，顯而易見的並非完全承續了孔孟思想，亦融入了許多荀子的實用哲學，如注重教育這個環節，其實出於荀子處甚多，與宋明理學重建儒家形上思想的方向不盡相同。不過可以注意到的是，林慎思何以獨著《續孟子》一書，而不續他書，即是因為他認為從孟子思想出發，在實用性上發展的面向，可以帶動整個儒學思想向前延伸，這一點也被後世的宋明理學證實了。

筆者以為，林慎思這種續孟的強力動作，除去了思想部分不談，卻是另外帶給後世學者的一種省思：「一切儒家基本思想的原點應該是從孔孟為出發點，再論及差異性質。」或許這種想法觸動了後代學者的思考，加上孟子本身大量的人性論的基礎思想，是以對於理學有一種反動的作用。這或許就是林慎思的思想在儒學上，成為了聯繫晚唐與宋代儒學發展的價值之處。

參考資料

一、古籍（依作品年代先後排列）

1. 楊家駱主編：《隋唐子書十種》，台北：世界書局，1967 年。

2. 林慎思：《續孟子》，台北：藝文出版社，1967 年。

3. 程頤著：《易程傳》，台北：文津出版社，1990 年。

4. 朱熹集註，蔣伯潛廣解《四書廣解》，台北：啟明書局（無著錄出版年代）。

5. 王堯臣，錢東垣：《崇文總目》，台北：台灣商務，1987 年。

6. 劉弇撰：《龍雲集》，台北市：台灣商務，1982 年。

7. 永瑢等撰：《四庫全書總目提要》，上海：商務出版，2002 年。

8. 孫希旦撰：《禮記集解》，台北：文史哲出版社，1990 年。

〔註36〕《德成巖志》：「治邑有最聲，屬兵興，民懷其惠，毅然不為功，民力紓，大吏亦服，不敢按發。」（〈唐宏詞進士水部郎中伸蒙公行狀〉），轉引自林精華、林玉琰：〈八閩唐儒林慎思〉，《福建論壇（人文社會科學版）》1999 年第 6 期。

〔註37〕王雲五在《晉唐政治思想》這本書，將林慎思政治思想非常有條理的整理出三大方向：為政、用賢以及治人，裡面所引用資料，多半為《伸蒙子》此書之資料。

9. 孫爾準修，陳壽祺纂：《福建通志》，台北：華文書局，1967 年。

二、現代專書（依作者姓氏筆劃排列）

1. 王雲五：《晉唐政治思想》，台北：台灣商務，1969 年。

2. 淡江大學中文系主編：《晚唐的社會與文化》，台北：學生書局，1990 年。

3. 魯迅：《魯迅全集・南腔北調集》，北京：人民出版社，1981 年。

三、期刊論文（依作者姓氏筆劃排列）

1. 李葆華：〈林慎思《續孟子》對孟子的解讀〉，《北方論叢》，2005 年第 3 期。

2. 林精華、林玉琰：〈八閩唐儒林慎思〉，《福建論壇（人文社會科學版）》1999 年第 6 期。

3. 宵登國：〈《孟子》的歷代詮釋研究概觀〉，《管子學刊》，1999 年第 4 期。

出版後記

　　承蒙花木蘭文化事業有限公司大德，在這樣的疫情蔓延之際，竟還有如此機緣讓我在論文完成十五年後，能夠成書付梓，實感萬幸。

　　韓非曾言：「孔墨之後，儒分為八，墨離為三，取舍相反不同，而皆自謂真孔墨，孔墨不可復生，將誰使定世之學乎？」戰國百家爭鳴時期，儒學已分離歧異。後董仲舒罷黜百家，定儒術為一尊，儒學似也無能百川匯流，反沁入其他如道、法者流思想，顯性隱性基因交錯隱現。此雖斑雜儒學的純粹，卻也使儒家思想體系逐漸圓滿。

　　儒學發展至明，當代哲學由王陽明思想主宰，看似宋明之際理學將歸一統，不意歧出江右聶豹「歸寂」之說，倒使陽明學說不落入浙中王龍溪全盤主宰，令當代學術有其議辨而活絡。這正是當年就讀研究所，在何淑貞老師宋明理學課堂上，讓我倍感有趣的課題，因而引導我細觀這段時期的哲學發展。再者，拜讀林月惠老師的《良知學轉折——聶雙江與羅念菴思想之研究》一書，啟發甚多，也對雙江別出「未發之中」的思考有更多理解，因此細思之下應還有討論空間，故為論文。

　　附錄兩篇期刊文章，亦為儒學相關研究。漢唐時期，是世界歷史少見同一區域短時間內建立的兩次盛世，而且是極具實力能夠影響整個東方文化的大型帝國。故此，儒學在這兩時代中的發展，朝向的並非為純哲學的方向，而是對於政治有所反動的實用觀點——思想總和時代相互承載。所以位高者如陸賈，引他家思想於儒家血脈，強化儒家治術；不遇者如林慎思，從政治、教育的現場中，提出作為一個儒者可以諍諫的改革思維。這些都是儒學發展當中，極具研究價值的細膩微光。

　　研究所就讀期間，最終選擇以中國思想史的課題作為研究，想來都是中文系學習歷程的影響。輔仁大學的李毓善老師、趙中偉老師，是影響學生無數，並且讓我走上中國思想研究的恩師。我的論文指導教授何淑貞老師，在我就讀台北市立教育大學研究所與論文寫作期間，宋明理學深入淺出的課程，以及細心耐心的指導，讓我扎扎實實的將學問的根基扎穩。

　　我的父母親在這段時間裡，讓我無經濟後顧之憂，可以放心盡情投入學術研究，這是我最大的幸福。現在枕邊人在當時是最佳的夥伴，在生活、學業上總相互提攜，直至現在，自然是上天恩賜的福氣。

　　「父母俱存，兄弟無故，一樂也。仰不愧於天，俯不怍於人，二樂也。得天下英才而教育之，三樂也。」自己得在學問稍有所成，並在學業成就後，能享其三樂，實為大幸。今日得將論文出版，且望能無愧父母鞠養之恩，師長提攜之情。亦期方家大德，對敝人拙作能有斧正鞭策之語。

簡凡哲

2021 年 11 月 3 日書於羅東